GOLDMANN
RATGEBER

Buch

Es ist zu bezweifeln, ob *die Geliebten der heutigen Zeit* dem gängigen Bild des bedauernswerten Wesens, das ein trostloses Schattendasein führt, noch entsprechen. Längst sind sie nicht mehr die armen Hascherl, die bei Bedarf von ihrem Gebieter aus der Versenkung geholt werden, sondern entpuppen sich als *lebensbejahende, selbständige* und *beruflich heftig engagierte Frauen*, die Wert auf ihren Status als Geliebte legen.

Ruth Eders Buch macht dies in direkter und offener Weise deutlich: Zur Frage »Ist die Karrierefrau die geborene Geliebte?« hat sie *Interviews mit zwölf Frauen* gemacht, die lieber die Rosinen im Kuchen als die Krümel auf dem Teppich haben, die ihren Geliebten als pünktlichen, gutgelaunten und schmusewilligen Freund schätzen. *Acht Interviews mit Männern*, die zum Teil die Geliebten der vorher befragten Frauen sind, beleuchten die einzelnen Situationen von der anderen Seite, erläutern Zwiespälte und Konflikte, die sich in der Lage des fremdgehenden Ehemannes ergeben.

In der abschließenden Auswertung wird ein Fazit aus den unterschiedlichen Begegnungen und Gesprächen gezogen.

Autorin

Ruth Eder lebt und arbeitet in München. Seit Jahren schreibt sie in Zeitungen und Frauenzeitschriften engagiert über die Probleme von Frauen in unserer Gesellschaft.

Bei Goldmann liegen außerdem vor: »Die geschlagenen Frauen« (11436) und zusammen mit Edna Salamon »Warum sollte er mich heiraten?« (11440).

RUTH EDER

DER PFLEGELEICHTE GELIEBTE

FRAUEN UND DIE NEUEN MÄNNER

GOLDMANN VERLAG

Originalausgabe

Der Goldmann Verlag ist ein Unternehmen
der Verlagsgruppe Bertelsmann.

Made in Germany · 3/89 · 1. Auflage

Umschlaggestaltung: Design Team München
Satz: Uhl + Massopust, Aalen
Druck: Elsnerdruck, Berlin
Verlagsnummer: 13510
Redaktion: Jack Garthmann
Lektorat: Johannes Jacob
Herstellung: Sebastian Strohmaier
ISBN 3-442-13510-9

FÜR MEINE MUTTER

»Ich liebe und habe eine Freude
und eine Angst, daß du Liebe verlangst«

Wolf Wondraczek

Inhalt

Vorwort

Als ich mir in letzter Zeit die sich häufenden Berichte über Geliebte von verheirateten Männern zu Gemüte führte, jene bedauernswerten Wesen, die ein trostloses Schattendasein fristen und nur bei Bedarf von ihrem Geliebten aus der Versenkung geholt werden, kamen mir etliche Zweifel. Kannte ich doch mindestens drei äußerst attraktive, beruflich heftig engagierte und lebensbejahende Frauen, die so gar nicht diesem Bild der Geliebten als armem Hascherl entsprachen. Zugegeben, meine Erfahrungen mit Geliebten sind beschränkt, aber es war nicht zu übersehen, daß diese Frauen Wert auf ihren Status als »Geliebte« legten. Und dies frivolerweise mit Wonne.

Sie machten keineswegs den Eindruck, unter ihrer angeblich so unterprivilegierten Situation zu leiden, packten vielmehr ihr Leben an, arbeiteten mit Volldampf, zogen Kinder groß, genossen ihre Freizeit und dann und wann – wenn es ihnen in den Kram paßte – auch ihren verheirateten Freund. Der war anderswo gut aufgehoben und mußte weder bekocht, bei Grippe gepflegt noch sonstwie behütet werden. Der ließ die Socken anderswo waschen, den Büroärger anderswo ab und die Zahnpastatube anderswo offen.

Er kam, nach Absprache und pünktlich, war gut gelaunt, gepflegt und schmusewillig. War gesprächig und reizend zu den Kindern. Er war Geliebter – muffiger Ehemann war er woanders. Zu schön, um wahr zu sein?

Machten meine drei Freundinnen vielleicht nur aus der Not eine Tugend? Oder gab es sie doch, die »glückliche Geliebte«? Jene Frau, der ein verheirateter Mann trefflich in ihren Lebensplan paßt, sei es auf Dauer oder für eine gewisse Zeitspanne. Die in Ruhe Karriere machen will, ohne von einem eifersüchtigen Partner andauernd gebremst zu werden. Die in Frieden ihre Kinder aus einer vorhergegangenen Ehe großziehen will, ohne ihnen einen Stiefvater vor die Nase zu setzen. Die den Rücken frei haben will, den eigenen Weg zu finden, ohne in eine Richtung gedrängt zu werden.

Gab es diese Art Geliebten häufiger als bisher angenommen? Verbissen blieb ich dabei: Das waren Einzelfälle, die Ausnahme von der beweinenswerten Regel. Aber diesen Einzelfällen wollte ich in einer Reportage nachgehen. Um noch ein paar mehr aufzutreiben, gab ich ein Inserat auf, in dem ich »sympathische, berufstätige Frauen, die mit einem verheirateten Mann befreundet sind«, suchte. Ganz wertfrei.

Es meldeten sich weit über 100 Frauen, die drei Dinge gemeinsam hatten: Sie waren beruflich sehr erfolgreich, sie waren Geliebte, und sie wollten etwas gegen das Trauerkloßimage der Geliebten tun.

Auf Spaziergängen, in Kneipen, auf Spielplätzen, in Büros und Privatwohnungen erfuhr ich in langen Gesprächen viel über die guten Gründe dieser Frauen, Geliebte eines verheirateten Mannes zu sein. Die besten Gespräche wurden auf Tonband aufgenommen und später zu einem »inneren Monolog« konzentriert. Dabei habe ich den individuellen Sprachduktus meiner Interviewpartnerinnen erhalten. Namen und Orte wurden geändert.

Ich kam zu dem Ergebnis, daß zumindest meine Interviewpartnerinnen weit zufriedener mit ihrer Rolle sind, als es Moralapostel oder Ehefrauen gerne hätten.

Und noch ein »Ergebnis« erbrachte unsere Begegnung: An einem Freitag, den 13., trafen sich die in diesem Buch interviewten Frauen bei einem Münchner Italiener. Bis auf eine waren alle da.

Die Frauen sahen sich zum ersten Male, und ich ließ den Dingen einfach ihren Lauf. Es wurde ein sehr intensiver und langer Abend. Eine hatte ihren verheirateten Freund mitgebracht, der eine Zeitlang mißtrauisch in die Runde schaute und dann wieder ging. Die, die sich etwas zu sagen hatten, fanden sich in wenigen Minuten, ohne mein Zutun.

Es wurde viel gelacht über die zahlreichen Gemeinsamkeiten, über Erfahrungen mit dem »pflegeleichten Mann«.

Meinen Interviewpartnerinnen und auch den beherzten Ehemännern, die sich zum Gespräch bereitgefunden haben, danke ich sehr. Ich habe viel von ihnen gelernt.

Einführung:
Gewissenloses Luder oder armes Hascherl?

»Ich habe die Rosinen aus dem Kuchen, seine Frau hat die Krümel auf dem Teppich«, sagt Nadja Z. im Interview. Für sie scheint das Leben als Geliebte überwiegend Rosinen zu liefern. Fest steht allerdings, daß keine Frau es von vornherein darauf anlegt, einmal die Gespielin eines verheirateten Mannes zu werden. Das ergibt sich so.

Fest steht aber auch, daß immer mehr Frauen allein oder mit ihren Kindern leben sowie beruflich etabliert und daher finanziell unabhängig sind. Daß gerade diese Frauen immer häufiger feste Beziehungen, die oft Jahre andauern, zu gebundenen Männern haben, und sie weder gewissenlose Luder noch arme Hascherl sind. Die Interviews ergeben, daß sich viele Frauen in ihrer selbstgewählten Rolle wohl fühlen. Sie genießen die Stunden mit ihrem Freund, sind aber keineswegs am Boden zerstört, wenn er wieder geht. Im Gegenteil: »Es ist alles gesagt und getan, es könnte nur bergab gehen. Ich bin froh, wenn ich mich wieder auf mich selbst konzentrieren kann«, sagte Nadja Z. weiter.

Macht sie sich etwas vor?

Sind die »glücklichen Geliebten« vielleicht zu einer vorbehaltlosen Bindung unfähig und bevorzugen deshalb verheiratete Männer, die sie davor bewahren, Farbe bekennen zu müssen?

Machen diese Frauen, frei nach der Geschichte vom Fuchs und den Trauben, aus einem unerreichbaren Mann einen ungewollten? Oder sind sie ganz einfach selbständig und stark genug, um allein zu leben, wenn sie auch auf Liebe und Wärme gelegentlich nicht verzichten wollen? »Wenn man sein Zuhause in sich selbst hat, muß man es nicht woanders suchen«, sagt Judith K.

Wurden diese erfolgreichen, starken Frauen in ihrer Kindheit zu sehr verletzt und enttäuscht, um sich noch auf Bindungen einlassen zu können, oder ist einfach ihr Freiheitsdurst größer als der anderer Frauen? »Ich gehe lieber, als enttäuscht zu werden«, sagt Nadja Z., die ohne Vater aufwuchs. Wie aber steht es mit den Schuldgefühlen gegenüber der Ehefrau ihres Freundes?

Haben sie in vorhergehenden Ehen oder Bindungen so schlechte Erfahrungen gemacht, daß sie jetzt aus Scheu vor neuen Verletzungen Abstand halten? »Ich habe die Psychomühle von damals noch nicht ganz überwunden«, sagt Sonja A.

Oder sind sie in einer Instant-Kultur unfähig geworden, Mühen und Frustrationen einer umfassenden Bindung auf sich zu nehmen, brauchen sie den »Instant-Mann«, den man nur noch »aufwärmen« muß?

Was, wenn sie einfach Romantikerinnen wären, die ihre Liebe in einem märchenhaften Freiraum jenseits von Alltagstrott und Ehefrust, weitab von Dreckwäsche und Babygeschrei gleichsam schwebend hoch über der schnöden Realität konservieren möchten? »Unser Schonraum ist etwas absolut Unzerstörbares«, sagt Anna M.

Viele Fragen an Frauen, die mitunter schon seit Jahrzehnten einen oder mehrere verheiratete Freunde haben.

Sieht man von den drei wichtigen Büchern aus dem Jahre 1987 zu diesem Thema ab – »Familienstand Geliebte« von Paula Almqvist, »Dritte im Bund: Die Geliebte« von Elisabeth Flitner und Renate Valtin sowie »Die neue Andere« von Laurel Richardson –, so haben sich verschwindend wenige Untersuchungen mit dem Thema der Geliebten aus deren Sicht beschäftigt. Und alle drei obengenannten Titel betonen weit mehr die Last der Geliebten als deren Lust. Es ist sicher kein Zufall, daß ebenfalls im Jahre 1987 der Film »Eine verhängnisvolle Affäre« Furore machte. Er setzt, voll im Trend der Wende, auf die längst totgeglaubte Verteufelung der Geliebten als personifizierte Sünde. »Kill the bitch« kreischt die »schweigende Mehrheit« in den USA, wenn der arme verführte Ehemann seine zudringliche Geliebte in der Wanne erwürgt. Die Publikumsreaktionen hierzulande waren nur unerheblich dezenter.

Ebenfalls kein Zufall: Die abgemurkste Geliebte ist eine alleinstehende Karrierefrau, attraktiv und gescheit, wiewohl seelisch schwer gestört …

Also doch böses Luder, jedoch mit einem Schuß armem, kranken Hascherl?

Nichts von alledem.

Geliebte sind ganz normale Frauen. Unsere Freundinnen, Schwestern, Töchter oder Kolleginnen. Der einzige Unterschied: Sie lieben einen gebundenen Mann.

Mein Buch versucht der Frage nachzugehen, *warum* diese lebenstüchtigen Frauen gerade das Leben als Geliebte wählen. Welche unbewußten Motive, welche Kindheitsprägungen sie womöglich für diese Rolle prädestinieren. Ob es, geht man von den vorliegenden Interviews aus, einen gemeinsamen Nenner geben könnte, eine Art »Geliebten-Faktor«?

Und vor allem, *warum* sich die Frauen in ihrer Rolle für einige Zeit oder für Jahrzehnte durchaus wohlfühlen mit ihrem »pflegeleichten Mann« …

Ein bißchen Geschichte: „Steiniget sie!“

»Unzucht, Hurerei, Onkelehe, Ehebruch, Mätresse und Kurtisane, Sittenwidrigkeit und Frucht der Sünde – das war bis vor kurzem noch das Vokabular, in dem die Juristerei sich auszudrükken pflegte, ging es um Liebe außerhalb der Ehe«, konstatiert die Juristin Vera Slupik in einem Beitrag über die Rechte der Geliebten.

Wir wissen von zahlreichen Nebenfrauen am altägyptischen Hof, von alttestamentarischen des Königs David, der sich Bathseba, die Frau eines seiner Feldherrn, zulegte. Wir wissen von der Ehebrecherin, die von Jesus vor der Steinigung bewahrt wurde. Es sieht also aus, als sei Ehebruch in antiker Zeit eher ein straffreies Privileg der Reichen und natürlich der Männer gewesen.

Dafür gibt es folgende Gründe: Zum einen konnten Frauen bis ins zwanzigste Jahrhundert hinein nicht für sich selbst sorgen. Die Geliebte mußte also finanziert werden, was sich nur ein kleiner Teil der Männer leisten konnte. Zweitens standen die möglichen Geliebten unter strenger männlicher Aufsicht, um nicht die Jungfräulichkeit und somit den »Marktwert« zu gefährden. Überdies sorgten eine weit niedrigere Lebenserwartung und vor allem die große Sterblichkeit der Frauen im Kindbett dafür, daß ein Mann sich eher neu verheiratete, als sich eine Geliebte zu halten. »So war die monogame Ehe vor Christus bei den meisten Menschen ebenso der Normalfall wie seit Christus«, schreibt die Dozentin Anke Hüper in einem Essay.

Einflußreiche Mätressen an den Höfen bildeten eher die Ausnahme.

Im antiken Griechenland tauchte dann eine neue Art Geliebte

auf: Schön und gebildet, von großem Einfluß und mit hohem gesellschaftlichem Ansehen: die Hetäre. Sie hatte mehrere Liebhaber, war hochkultiviert und pflegte Kontakt zu Philosophen und Politikern. Diese Frauen durften an Veranstaltungen teilnehmen, die für andere Frauen nicht zugänglich waren.

Zwischen dem 14. und 16. Jahrhundert lebte dieser Typ Frau als Kurtisane in Italien wieder auf. Sie saß berühmten Malern Modell, ihr Haus war kultureller Salon. Aber sie blieb die Ausnahme.

Ehebruch wurde zu allen Zeiten mit drakonischen Strafen belegt, die allerdings bis ins Mittelalter hinein lediglich die ungetreue Frau und – wenn's hoch kam – deren Liebhaber betrafen. Von der Steinigung in der Zeit um Christus bis hin zum Versenken im Moor, wie es im Mittelalter praktiziert wurde, reicht die Palette der Scheußlichkeiten.

Immerhin war bis vor wenigen Jahren auch bei uns der Ehebruch noch ein Scheidungsgrund, der im Falle der Scheidung sogar strafbar war, falls Strafantrag gestellt wurde (damaliger § 172 StGB).

Das Polizeistrafgesetz für Baden von 1923 enthielt in § 72 den Tatbestand des »unehelichen Zusammenlebens« und sah dafür eine Geldstrafe oder eine Haftstrafe von bis zu vierzehn Tagen vor. Erst mit Wirkung zum 1. Januar 1970 wurde dieser Paragraph aufgehoben. In der Schweiz hat der Kanton Thurgau als siebtletzter Kanton zum Jahresbeginn 1986 das »Konkubinatsverbot« abgeschafft. Die Kirche hatte seit dem dreizehnten Jahrhundert das Konkubinat energisch bekämpft. Wucherer, Blutschänder, Ehebrecher und das außereheliche Zusammenleben wurden in einem Atemzug genannt und diese Handlungen mit Exkommunikation (Ausschluß aus der Kirche) bedroht.

In der »Zuchtordnung« der Stadt Konstanz von 1531 war zu lesen: »Weiter gebieten wir, daß alle und jede, die mit dem offenen Laster der Hurerei behaftet sind und in unserer Stadt und Obrigkeit Wohnung haben, sie seien hohen oder niedrigen Standes, niemand ausgenommen, sich des selbigen offenen ärgerlichen Lasters entschlagen, ihre Konkubinen und unehelichen Beilieger von sich tun und keine mehr annehmen noch ins Haus setzen sollen, denn welche im Laster der Hurerei in unserer Stadt ergriffen werden, gegen diese werden wir im Täglichen Rat als eine christliche Obrigkeit mit gebührlicher Strafe handeln.« Es kann also festgehalten werden, daß ein Geliebtenverhältnis oder die nichteheliche Beziehung erst seit jüngster Zeit nicht mehr strafrechtlich sanktioniert wird.

Etwas Statistik: Lieber ein halber Mann als gar keiner?

Schaut man sich mit der gebotenen Skepsis die Statistiken an, dann ist jede dritte Frau schon einmal in ihrem Leben die Geliebte eines verheirateten Mannes gewesen. Bis zu 80 Prozent der Ehefrauen wurden schon einmal von ihrem Mann betrogen, und jede zehnte Ehefrau hierzulande muß mit einer Dauerrivalin rechnen. Das Thema Geliebte geht also annähernd jede Frau an.

Der Sozialwissenschaftler Werner Habermehl führte 1985 im Auftrag von »Playboy« eine Befragung durch, die unter dem Titel »So treiben's die Deutschen« in dem »Männermagazin« erschien. Über 10 000 Frauen und Männer wurden im Rahmen einer wissenschaftlichen Umfrage zu ihrem Sexualleben interviewt.

Von den Verheirateten gehen demnach zwei Drittel der Männer und ein Drittel der Frauen fremd.

Rund anderthalb Millionen Frauen in der Bundesrepublik sind Geliebte eines verheirateten Mannes. Bei etwa fünfzehn Millionen bestehenden Ehen hätte also jeder zehnte Ehemann eine Geliebte.

Nahezu acht Millionen Menschen sind gegenwärtig in der Bundesrepublik in derartige Dauerbeziehungen verstrickt. Die Beziehung dauert in acht von zehn Fällen nicht länger als vier Monate.

Die US-Soziologin Laurel Richardson betont als Grund für diese Entwicklung vor allem die Gesetze des »freien Marktes«: »Demographisch gesehen gibt es einfach nicht genug alleinstehende Männer für all die ledigen Frauen«, sagt sie. Eine von fünf Frauen hat laut Richardson in den USA keinen potentiellen Partner. Gegenwärtig sind 40 Prozent der amerikanischen Frauen alleinstehend. »Wegen des Männermangels und wegen Scheidung, Witwenschaft, später

Heirat und Wiederheirat wird jede Frau wahrscheinlich einen wesentlichen Teil ihres Lebens einmal alleinstehend sein.« Diese Zahlen beschreiben die »Verhältnisse« in den USA, sind aber nicht grundsätzlich verschieden zu denen in der Bundesrepublik. Nach Auskunft des Bundesfamilienministeriums stellen Frauen gegenwärtig rund 52,2 Prozent der Bevölkerung, auf 1000 Männer kommen also 1090 Frauen.

In den USA ist das Verhältnis noch ungleicher: Laut Richardson gibt es dort für 223 unverheiratete Frauen in der Altersgruppe von etwa 40 Jahren nur 100 unverheiratete Männer in derselben Altersgruppe. Und, so schließt die Soziologin, da Männer in diesem Alter Frauen bevorzugen, die zehn Jahre jünger sind, wird eine Frau, die Ende Dreißig oder älter ist, wahrscheinlich für den Rest ihres Lebens alleinstehend bleiben. 1982 waren in der Bundesrepublik rund sechs Millionen Frauen und 3,2 Millionen Männer 65 Jahre und älter. In dieser Altersgruppe kommen auf 1000 Männer schon 1765 Frauen. »Da Männer, wenn sie rar sind, mehr fordern können, werden Frauen abgewertet, da es zu viele gibt: Es gibt immer einen anderen (neueren, jüngeren, frischeren) Apfel in der Kiste«, beschreibt Laurel Richardson die »Marktsituation«.

»Angesichts dessen«, so lautet ihr Schluß, »bieten Beziehungen mit verheirateten Männern noch eine der gangbareren Alternativen für heterosexuelle alleinstehende Frauen.« Bedenkt man, daß in den USA fast vierzehn Prozent der alleinstehenden Männer wegen Homosexualität als Partner für Frauen ausfallen, sind bundesdeutsche Frauen in aussichtsreicherer Lage. Dennoch gilt die Beziehung zum Mann einer anderen immer noch als eine Notlösung. Nach der Devise: Lieber einen halben Mann als gar keinen?

Als derartig fixiert auf den Mann habe ich keine meiner Gesprächspartnerinnen vorgefunden und als verfügbar schon gar nicht. Die Dozentin Anke Hüper, selbst erfahren als Geliebte, bringt auf den Punkt, was viele »glückliche Geliebte« denken: »Die meisten dieser Frauen wollen gar keinen Mann im Haus. Zuviel räumliche Nähe, nein danke. Wie jeder Mensch möchte auch die »neue Frau« Liebe, Zärtlichkeit, Sexualität und so weiter. Aber sie möchte nicht mehr dafür bezahlen müssen mit seelischen und praktischen Dienstleistungen für einen Mann.«

INTERVIEWS
FRAUEN

„Ich habe immer noch Schmetterlinge im Bauch, wenn ich weiß, daß er kommt“

Anna M., 40, Psychologin, ledig

Ich heiße Anna, bin 40 Jahre alt, Psychologin und seit über zehn Jahren in leitender Funktion tätig, und zwar hauptsächlich im sozialen Management – früher war ich therapeutisch tätig.

Ich habe eine Upper-Class-Erziehung genossen und habe eine vier Jahre jüngere Schwester. Die Struktur unserer Familie ist, bezogen auf dieses Thema, sicher interessant. Unsere Eltern waren permanent gesellschaftlich verpflichtet und geschäftlich unterwegs. Meine Eltern hatten einen eigenen Industriebetrieb. Meinen Vater hat es während des Krieges aus Ungarn nach Deutschland verschlagen, und er heiratete dann meine Mutter, die aus Siebenbürgen stammte, aber hier in Deutschland aufgewachsen war.

Aufgezogen wurden wir von Dienstboten und Kindermädchen. Wir waren sehr früh zur Selbständigkeit gezwungen. Dadurch haben wir allerdings auch immense Freiräume gehabt, auch darin, daß wir in den wenigen Stunden, in denen die Eltern vorhanden waren, uns mit ihnen über das Thema Sexualität – Beziehungen – Freunde – in aller Offenheit auseinandersetzen konnten. Es gab nie ein Tabuthema.

Die Beziehung zum Vater war sehr stark, speziell für mich, weniger für meine Schwester. Die Beziehung zur Mutter war von meiner Seite aus nicht besonders glücklich. Bereits in der Kindheit gab es die ersten Konkurrenzsituationen.

Sie starb, als ich 20 Jahre alt war, so daß sie eigentlich ganz entscheidende Entwicklungen meiner Eigenständigkeit nicht mehr erlebt hat. In der Jugendzeit hatte meine Mutter sehr starke Beziehungen zu meiner jüngeren Schwester, die ihr näher war, während ich das absolute Vaterkind war, was sicherlich auch einen Rückschluß auf Beziehungsstrukturen zuläßt, die ich heute lebe.

Mein Vater lebt noch, ist wieder verheiratet, und zwar mit einer Frau, die gerade fünf Jahre älter ist als ich. Sie ist 45, er 65. Die Vater-Tochter-Beziehung hat sich gewandelt in eine Bruder-Schwester-Beziehung. Zu der zweiten Frau besteht eine freundschaftliche, ausgewogene, sehr akzeptierende Beziehung.

Ich glaube, daß die Beziehung meiner Eltern eine sehr schwierige Partnerbeziehung war, die sich aus einer ganz großen Liebe entwikkelt hat, der sich viele Hindernisse von außen in den Weg stellten. Diese Hindernisse wurden von den beiden Liebenden überwunden, indem sie sich mich »anschafften«. Ich war »der Druck auf die Familie«, was natürlich auch ein eigenes Schicksal ist. Meine Mama war eine bildschöne und während ihrer Jugend- und Studienzeit auch sehr energische, sehr selbstbewußte Persönlichkeit, die ich nur über Erzählungen erleben konnte, weniger in der Darstellung, wie ich sie als Kind und Jugendliche erlebte. Denn ich erlebte sie als eine Frau, die unglaublich abhängig von ihrem Mann war. Sie war total fixiert auf die Beziehung zu ihrem Mann, der sich allerdings in dem typischen Rollenverhalten eines Mannes auch sehr gefiel.

Ich wurde in meiner Familie sehr stark geprägt durch ungarische Traditionen, durch ungarische Familienstrukturen, durch Emotionalität in den Beziehungen. Besonders das Rollenverhalten zwischen Mann und Frau ist sehr stark anders strukturiert und anders geprägt, als wir es hier in Deutschland kennen. Das hat sich natürlich deutlich auf unsere Erziehung ausgewirkt. Meine Mutter hat sich, nachdem sie den Status einer »Ehefrau« erlangt hatte, wohl selbst aufgegeben. Sie war sicher die erfüllte Geliebte, war aber wohl stark neurotisch. Sie erlitt mit 39 Jahren einen Schlaganfall, was auf bestimmte psychosomatische Faktoren hinweist. Dann kamen bis zu ihrem 45. Lebensjahr drei Infarkte. Dahinter stehen eben einfach Angst und diese sehr stark klammernde Beziehung zu ihrem Mann, der zu dieser Zeit extrem geschäftlich belastet und sehr viel im Ausland war, während sie wegen ihrer schlechten Gesundheit nicht in der Lage war, ihn weiterhin zu begleiten. Sie lebte in ständiger Angst um ihn.

Die Kinder stellten für sie keinerlei Gegengewicht dar. Für sie war es notwendig, daß die Kinder funktionierten. Wir haben sicher ungeheure Toleranzgrenzen erreicht in einer Zeit, in der das noch nicht unbedingt üblich war.

Ich fühlte mich von meinem Vater ganz eindeutig mehr geliebt. Ich glaube, daß es eine Konkurrenzsituation zwischen meiner Mutter und mir gab. Meine Schwester war vergleichbar ästhetisch schön wie meine Mama. Ich war bereits als Kind und Jugendliche von Anfang an ein sogenannter Problemfall – fettsüchtig und behindert und späterhin hauptsächlich exotisch und sehr kopfbesetzt. Damit konnte meine Mutter nicht viel anfangen. Dies war meine Strategie, um mit bestimmten Problemen fertig zu werden.

Meine Schwester ist ebenfalls alleinstehend, auch sie ist deutlich geprägt durch die sehr starke Vaterbeziehung, das absolute Idealbild für Töchter. Mein Vater wurde zum »Übervater« nach dem Tod meiner Mutter. Er war selbstverständlich auch früher manchmal da und hat den Töchtern bestimmte Welten vermittelt, wobei es sicher auch so ist, daß ein Vater, der nie da ist, einen permanent in Sehnsucht hält. Das setzt sich fort und spielt natürlich besonders für Frauen eine ganz entscheidende Rolle. Ein Vater, der nie da ist, nach dem man sich immer sehnen kann, der nicht greifbar ist, der eine überdimensionierte Rolle hat, die auch nicht hinterfragt werden kann, kann auch leichter zum Idealbild werden. Es ist sicher so, daß sich aus solchen Vater-Töchter-Beziehungen Strukturen entwikkeln, die diese Töchter dann letztendlich leben müssen.

Meine Schwester ist ein sehr ähnlicher Typ wie meine Mutter, sehr gute Figur, ganz langes, dunkles Haar, ist außerordentlich attraktiv und hat nie irgendwelche körperlichen Probleme gehabt.

Bei mir führte diese Mutter-Kind-Beziehung zu einer gewissen Verweigerung. Ich lehnte diese Ästhetik, die die Mutter immer sehr hochhielt, ab, ich verweigerte sie, allein schon durch Krankheit im Teenageralter.

Dies habe ich durch meine therapeutische Arbeit natürlich für mich auch erkannt und sehr bewußt festgestellt, aber es sind schon neurotische Ansätze da. »Neurotisch« würde ich einfach als ein gewisses Abweichen von der Norm definieren, die sich eine Gesellschaft setzt.

Den ersten pubertären Liebesgeschichten habe ich mich erfolgreich entzogen – durch Krankheit. Letztendlich habe ich mich dadurch auch einem angepaßten Frauenbild entzogen, dem der abhängigen Frau, wie ich meine Mutter erlebt habe. Das war eine ganz starke Abwehr. Die Alternative wäre vielleicht für mich gewesen, magersüchtig statt fettsüchtig zu werden, als somatische Störung, oder eben voll in die Frauenrolle der Mutter zu schlüpfen.

Das großbürgerliche Elternhaus, in dem ich aufwuchs, gab sich sehr liberal. Dann entstand durch einen Klinikaufenthalt und lange Krankheit eine große Pause, in der ich eigentlich etwas übersprungen habe. Diese Liebeleien, das Über-die-Wiese-Laufen, das erste sich zärtlich-verschämte Anschauen, dieses erste Erkennen, daß es auch geschlechtsspezifische Unterschiede gibt, die weiter führen als die ersten Spiele der Kindheit, all diese Dinge habe ich übersprungen.

Mit 19 kam ich dann in eine Situation, wo ich massiv und sehr klar sofort in eine Beziehung ging, die dann auch schnell zu einer sexuellen Beziehung wurde. Sie dauerte drei Jahre. Sie hatte aber weniger mit Verliebtheit zu tun, wenn ich mich heute daran erinnere, sondern vielmehr damit, daß ich dachte, nun müsse es sein. Meine Schwester war inzwischen fast 16 und hatte bereits ihren ersten Freund, weil sie natürlich einen ganz anderen, einfacheren Weg ging, während ich schon 19 war und immer noch keine Erfahrung hatte. Da war es klar für mich, daß es nun endlich passieren mußte. Ich ging es an, weniger mit Verliebtheit als vielmehr mit Entschlossenheit, sehr stark besetzt durch Ansprüche meiner Eltern. Der Mann war 10 Jahre älter als ich und mehr oder weniger auch »ausgeguckt« als potentieller Schwiegersohn, der sich mit bestimmten Erwartungen auf die ältere Tochter einließ. Das waren alles Dinge, die ich zu diesem Zeitpunkt nicht durchschaute.

Bereits während dieser dreijährigen Beziehung habe ich wieder verweigert, indem ich mich während eines Urlaubs »selbständig« in einen Ungarn verliebte, obwohl ich offiziell verlobt war. Das war eine ganz intensive Liebe, und es war das erstemal, daß ich eine *eigene* Liebe lebte.

Diese erste eigene Liebe wurde unter anderem dadurch gelöst, daß ich mit 20 schwanger wurde und mir daraufhin von meinem Vater ganz klar mitgeteilt wurde, daß ich mir meine Zukunft verbauen würde und man dieses Problem doch wohl lösen sollte. Das Problem wurde auf die elegante Art gelöst.

Es müssen wohl doch bestimmte Prozesse in Bewegung gesetzt worden sein, daß ich dann aus verschiedenen Erfahrungen der Kindheit, des Jugendalters, der familiären und sozialen Strukturen heraus genau in die andere Richtung ging, dann auch boykottierte, verweigerte, nicht nur im psychosomatischen Bereich, sondern auch ganz stark im Kopfbereich. Ich habe mich völlig gelöst von zu Hause. Ganz kurze Zeit nach der Abtreibung bin ich von zu Hause weggegangen, wobei dies sicher ein Auslöser gewesen ist. Danach war für mich eindeutig klar, daß ich mein Leben allein in die Hand nehmen wollte. Ich bin von Norddeutschland nach Bayern gegangen und habe mein Studium dort fortgesetzt. So habe ich mich sehr bewußt und sehr massiv durchgesetzt.

Mein Weggehen aus dem Elternhaus wurde ausgelöst durch mehrere Faktoren. Da war der Tod meiner Mutter, die Liebesbeziehung zu dem Ungarn, in der ich mich das erstemal authentisch erlebte. Ich hatte die Absicht, in Budapest zu studieren. Es war alles geregelt, ich wollte sehr ernst machen, und insofern war diese Schwangerschaft sicherlich kein Zufall, sondern ein Beweis, daß sich hier ein gefühlsmäßiger Reifeprozeß abgespielt hat. Ob die Schwangerschaft jetzt nun ausgetragen wurde oder nicht, ist sicher nicht der entscheidende Faktor gewesen, sondern eigentlich das Sich-authentisch-Fühlen als Frau.

Nur, als es dann wirklich ernst wurde und ich sagte, ab Frühjahr 1968 gehe ich weg, wurde sehr geschickt taktiert. Der Mann wurde in der Zeit, als ich vor Beginn meines Studiums ein Praktikum machte, von meinem Vater, der schon damals wirtschaftliche Beziehungen zu Ungarn hatte, eingeladen, hochoffiziell, nach Deutschland. Er kam natürlich. Es war auch gar kein Problem, weil sich dieser Mann auch in Ungarn in einer Position befand, in der ihm nicht unbedingt Steine in den Weg gelegt wurden.

Mein Vater löste auch dieses Problem sehr elegant. Ich war nicht zu Hause und erfuhr auch nicht, daß mein Freund sich in Deutschland befand. Als ich 14 Tage später nach Hause kam, wurde mir mitgeteilt, daß er dagewesen sei. Ich war natürlich verblüfft, daß man mich nicht informiert hatte, und plante für das kommende Wochenende einen Besuch in Budapest, der auch selbstverständlich gestattet wurde.

Ich wurde in Budapest von meinem Freund abgeholt, und wir haben unendlich lange Spaziergänge gemacht, unendliche Gespräche geführt. Das Ergebnis war, daß er von seiner Seite die Beziehung löste mit den Worten: »Mein liebes Kind, die Verantwortung bin ich nicht bereit zu tragen, uns trennen nicht nur Staatsgrenzen, uns trennen Welten. Ich wünsche dir alles Gute. Ich denke, wir sollten Freunde bleiben.«

Ich habe meinem Vater sein Verhalten sehr übelgenommen. Es war der letzte Auslöser, daß ich endgültig gegangen bin. Ich war unendlich verletzt und furchtbar traurig. Und natürlich habe ich schon gewußt, was da gelaufen ist, weil diese Ereignisse – Tod der Mutter, Verliebtheit, die vorher aufgesetzte Bindung, die Abtreibung, dann trotz allem die Entscheidung für diesen Mann und das Weggehenwollen aus Deutschland – schon sehr massiv waren.

Wir haben nie darüber gesprochen, was ihn wirklich abgeschreckt hat, ich denke aber, daß mein sozialer Background das ausschlaggebende Moment gewesen ist. Er hatte damals mit Anfang 30 in Ungarn eine Position, die sicher nicht ganz üblich war, während ich rasend jung, nicht einmal volljährig gewesen bin. Ihm wäre eine Verantwortung übertragen worden, der er sich entzogen hat. Wenn man eine heute Zwanzigjährige mit einer von vor 20 Jahren vergleicht, ist das ja ein himmelweiter Unterschied, noch dazu, wenn man aus solchen sozialen Strukturen kam. Es gab ja für mich überhaupt kein Feindbild, ich konnte mich eigentlich gegen nichts wehren, was wohl das Brutale an der Geschichte war. Wenn es eine autoritäre Erziehung oder so etwas gewesen wäre, wenn man etwas mit Gewalt versucht hätte, hätte man sich wehren können, jeder Entscheidungsprozeß wäre einfacher gewesen. Aber bei der Liberalität des Elternhauses gab es einfach keine Chance. Dieser unglaublich elegante Weg war eben einfach infam.

In einer Universitätsstadt in Bayern bin ich dann voll auf die linke politische Linie gekommen – total –, mit Arbeitskreis, proletarischer Linker und allem, was dazugehörte. Und dann war es natürlich auch so, daß die politischen Dinge sehr stark im Vordergrund standen, und ich würde heute im Rückblick sagen, daß das sicher auch etwas ist, was mit heutigen Beziehungsstrukturen, mit heutigen Möglichkeiten, Emotionalität und Beziehung zu leben, zu tun hat. Gerade weil die 68er Generation durch unglaubliche Ansprüche im politischen und im Kopfbereich die Emotionalität enorm stark verdrängt und sie weniger gelebt hat.

In dieser Zeit habe ich auch meine Primärbeziehung kennengelernt, die inzwischen seit 20 Jahren andauert. Er ist nur fünf Jahre älter als ich. Ich lernte ihn im Studium kennen, kurz vor meinem 21. Geburtstag, also etwa ein Jahr nach der Beendigung der Beziehung zu dem Ungarn. In diesem Jahr lief überhaupt nichts, es gab Trauerarbeit, Ablösungsprozesse, Umzug, Beginn der Studienphase in Bayern, Abstand gewinnen et cetera.

Ich lernte also Wolfgang an der Universität kennen. Ich habe nach den ersten zwei Semestern Psychologie zusätzlich mit Jura angefangen. Wir begegneten uns in der juristischen Fakultät. Er war wesentlich weiter als ich. Er hatte das erste Staatsexamen schon hinter sich, stand kurz vor dem zweiten Staatsexamen, bot sich aber an, jüngere Kollegen für irgendwelche dicken Scheine durch die Prüfungen zu pauken und durchzuschleppen, was früher an den Universitäten noch möglich war. Es ging halt damals etwas lockerer, einfacher, sympathischer, aber auch geistreicher zu, es hat einfach Spaß gemacht.

Er schleppte mich also durch die Prüfung für den großen Strafrechtsschein. Es war zunächst eine freundschaftliche Beziehung, anders als mit dem Ungarn. Das lag aber auch daran, daß er mir bekannt war. Er war der beste Freund eines sehr guten Freundes von mir. So wußte ich auch von vornherein, daß er verheiratet war. Er hatte sehr jung mit 23 geheiratet. Sicher war das für mich am Anfang auch ein Hinderungsgrund, mich auf ein Verhältnis dieser Art einzulassen. Wir sind uns dann allerdings sehr häufig begegnet, haben immer mehr festgestellt, daß wir unendlich viele Gemeinsamkeiten haben, und irgendwann ist es einfach so gewesen, daß auch die starke erotische Spannung, die von Anfang an da war, gelebt wurde.

Ich lernte seine Frau erst kennen, nachdem wir bereits zwei Jahre ein Verhältnis hatten. Ich wußte ja immer, daß er verheiratet ist, aber nicht, mit wem. Es hat mich auch nie interessiert. Für mich war entscheidend, daß er sie mag, daß er zu ihr steht. Es stand nie zur Debatte, daß er sich von ihr trennen würde. Das wäre auch mit Sicherheit etwas gewesen, was ich nicht akzeptiert hätte, weil es nicht mein Stil gewesen wäre, in so etwas einzubrechen. Ganz im Gegenteil, ich muß sagen, ich habe sie immer voll akzeptiert als die gleichwertige Andere.

Sie ist bis heute nicht über unsere Beziehung informiert. Sowohl er als auch ich haben uns dagegen entschieden, es ihr zu sagen. Wir haben darüber diskutiert, ob es notwendig sei, ob es an unserer Beziehung etwas verändern würde oder ob es eine ganz entscheidende Notwendigkeit für unsere Beziehung wäre, sie in Kenntnis zu setzen. Wir haben dies von vornherein klargestellt. Es ist weder für ihn noch für mich eine Schwierigkeit, daß er einen wesentlichen Teil seines Lebens mit ihr bzw. mit mir verbringt. Diese Teile sind so absolut voneinander getrennt und haben sich nie überschnitten. Es ist nie zu Situationen gekommen, die ein Informieren notwendig gemacht hätten. Sie steht genauso autonom als selbständige, selbstbewußte Frau neben ihm, wie ich es auf der anderen Seite tue. Es ist sicher kein Zufall, daß diese Dreierkonstellation sich so leben läßt, weil jeder autonom, jeder authentisch ist, jeder in einer verantwortlichen Position das eigene Leben führt und sicher sehr stark die beruflichen Aspekte eine Rolle spielen. Auch die persönlichen Aspekte werden ganz bewußt, ganz sinnlich, ganz existentiell gelebt, was ein sehr starkes Gegengewicht zu den beruflichen Aspekten bildet.

Zu den Bedürfnissen, die er bei mir abdeckt, gehört mit Sicherheit auch eine starke intellektuelle Auseinandersetzungsmöglichkeit. Wir haben ähnliche Bereiche in Kunst und Literatur, die uns interessieren. Wir haben politische Bereiche, die wir identisch empfinden, leben, entscheiden, wir haben berufliche Aspekte, die von bestimmten Managementstrukturen ausgehen.

Auf der anderen Seite ist er, und das muß ich sagen, der Mann, der mich über die ganzen Jahre, egal ob ich krank, dick, dünn oder was auch immer war, eindeutig und ausschließlich in jeder Phase meines Seins als Frau angenommen hat, ohne Einschränkung. Über ihn habe ich eigentlich begriffen, daß ich eine Frau bin. Mit ihm, für den

Äußerlichkeiten nie eine Rolle gespielt haben, konnte ich dies leben. Ich würde sagen, daß es mit Sicherheit eine Form einer ganz intensiven Liebe ist.

Eifersuchtsprobleme gegenüber seiner Frau habe ich nie gehabt. Wenn er mit einer Frau verheiratet wäre, die ich nicht akzeptieren könnte, hätte ich Probleme. Es würde seine Wertigkeit für mich so mindern, daß er für mich völlig uninteressant, völlig unakzeptabel wäre. Ich kann ihn nur in dieser Beziehungsform annehmen, so, wie er ist. Und einfach weil er sich für zwei starke Frauen entschieden hat. Wo begegnet man Männern, die in der Lage sind, sich auch nur für *eine* starke Frau zu entscheiden, und er schafft es immerhin, zwei starke Frauen in ihrer Persönlichkeit so anzunehmen, wie sie sind. Ich habe auch nie Probleme gehabt, daß ich ihr etwas wegnehme, niemals. Und er auch nicht.

Was ich für ihn neben dem intellektuellen Aspekt abdecke, ist mit absoluter Sicherheit eine ganz starke erotisch-sinnliche Beziehung, die sich über diese 20 Jahre gesteigert und in keiner Weise abgenommen hat. Ich habe immer noch »Schmetterlinge im Bauch«, wenn ich weiß, daß er kommt. Übrigens rief er gerade an, daß er morgen kommt und zwei Tage geschäftlich hier zu tun hat. Er wohnt dann hier bei mir. Wir verzichten gerne auf Hotelluxus, weil es uns einfach nicht die Nähe garantiert, die wir haben möchten.

Eine Verstärkung für die Beziehung ergibt sich aus der Entfernung, den Zeitspannen, den Zeiträumen zwischen den Treffen. Es ist immer dieses Kribbeln und das Risiko drin. Es ist keine Verbindlichkeit, sondern Lust und Reiz.

Die Vorteile, einen verheirateten Mann zu lieben, sehe ich darin, daß es keinen gemeinsamen Alltag gibt, der jede Liebe zerstören kann, es gibt keine gemeinsamen existentiellen Fragen, Probleme oder sonstige Bereiche, die sich im Prinzip auf die Liebe durchaus negativ auswirken. Wir haben uns natürlich dadurch schon einen Schonraum geschaffen, völlig im luftleeren Raum, etwas Absolutes, Unzerstörbares.

Auf der anderen Seite ist es bei meiner beruflichen Karriere, die ja auch nicht von ungefähr kommt, sondern selbstverständlich mit meiner ganzen Sozialisation, meinem Studium, meinen ganzen Beziehungsstrukturen, meinen eigenen neurotischen Strukturen, meiner Bindungsunfähigkeit etwas zu tun hat, die Form, wie ich mein Berufsleben, meine Verantwortung in diesem Bereich und die Liebe in Einklang bringe. Ich bin nicht verpflichtet, ständiges Wohlverhalten zu üben. Ich habe meine Freiräume, ich kann alleine sein, ich kann mich voll auf ihn einlassen, wenn ich weiß, daß er kommt. Ich kann mich unglaublich darauf freuen und mit ihm diese Situation voll leben, voll genießen.

Ich kann auch wieder Abschied nehmen. Ich bin zwar immer unendlich traurig, wenn er geht, ich habe noch nie aufgeatmet, wahrscheinlich war er nie lange genug da. Wenn er da ist, ist alles unendlich stimmig. Es gibt keine Pausen, es gibt keinen Leerlauf, die Zeit ist völlig ausgefüllt. Unsere Termine lassen sich koordinieren, so daß wir uns durchaus nicht nur hier bei mir treffen, sondern uns auch anderswo begegnen, wo wir zufällig beide beruflich zu tun haben, oder es ergeben sich Gelegenheiten, daß man sich über ein Wochenende irgendwo trifft. Es ist für mich überhaupt keine Frage, daß dies auch mit 60 noch so sein wird.

Wenn ich mich selber als Psychologin beurteilen sollte, würde ich sagen, daß es eine ganz starke Bindungsunfähigkeit meinerseits ist, eine sehr starke Angst vor Nähe, die mich genau diese Beziehung leben läßt. Diese Angst habe ich mit absoluter Sicherheit im Elternhaus, in der Erziehung, in frühkindlichen Erfahrungen, in der Vater-Tochter-Beziehung, in der für mich negativ erlebten Rolle der Mutter, in der Beziehungsstruktur meiner Eltern erfahren.

All dies sind ganz entscheidende Faktoren, die mich beeinflußt haben, bezogen auf meine Möglichkeiten, Beziehungen und Nähe zu leben. Selbstverständlich flüchte ich vor der endgültigen Nähe, das ist mir absolut klar. Außerdem ist das etwas sehr Typisches für helfende Berufe. Es ist völlig egal, ob man Ärzte, Sozialarbeiter oder Psychologen nimmt. Sie alle zeigen dieses Phänomen. Gerade weil sie sehr häufig mit Beziehungsproblemen von Klienten zu tun haben, können sie hier ungeheuer gut ihre Projektionen loswerden und haben damit selber nie etwas zu tun.

Es ist eigentlich bedauerlich, daß man sich dessen nicht bewußt ist. Erlebte man es bewußt, könnte man die Beziehung sehr viel bewußter, mit sehr viel mehr Nähe und Liebe leben und genießen.

Aber man muß sich darüber klar sein, daß es eine neurotische Beziehungsstruktur und -form ist. Sie ist einfach abweichend von der Norm. Ich leide unter dieser neurotischen Situation aber nicht, sondern versuche hier nur, die Zusammenhänge zu erklären.

Ich habe mir immer das Recht zu Sekundärbeziehungen herausgenommen. Ich bin ihm also nicht etwa treu, außer in der Exklusivität unserer Beziehung. In anderen Beziehungsformen, sei es nun beruflicher Art mit Kollegen, sei es in anderen Bereichen, bin ich immer wieder langfristigere oder kurzfristigere Beziehungen zu Männern eingegangen, um ein Stück Alltag zu regeln und um nicht allein zu sein. Das ist sicher, denke ich, etwas ganz Normales. Dies war aber immer etwas völlig Unabhängiges, etwas völlig anderes und berührte meine Beziehung zu ihm in keiner Weise.

Auch an »einsamen Tagen« habe ich keinen Schmerz empfunden, wenn er nicht da war. Ich bin kein depressiver Typ und durchaus in der Lage, solche Dinge für mich selbst zu analysieren. Es hat ja nichts mit ihm zu tun, sondern höchstens mit meiner Befindlichkeit, mit meinen Bedürfnissen, die aber nicht festzumachen sind an ihm.

Die anderen Beziehungen haben nie die Beziehung zu ihm gestört. Er war darüber immer informiert. Übrigens waren auch meine »Sekundärmänner« immer darüber informiert, daß es ihn gibt. Es waren grundsätzlich Männer, die die gleichen Beziehungsprobleme hatten, die gleiche Angst vor Nähe. Durch meine Bindung an eine andere Beziehung fühlten sie sich selbstverständlich auch erleichtert, waren sie dadurch doch nicht verantwortlich und mußten sich nicht voll einlassen. Natürlich waren sie alle sehr exotisch, also entweder aus dem Bereich des Journalismus oder Schauspieler oder Künstler, oder es waren Kollegen, die im therapeutischen Bereich arbeiteten.

Bis zu meinem 35. Lebensjahr habe ich nie daran gedacht, eine Bindung auf Lebenszeit mit einem Kind einzugehen. Nach dieser ersten Abtreibung in sehr jungen Jahren folgte mit 30 Jahren eine weitere, für die ich mich allerdings dann sehr bewußt aufgrund bestimmter Konstellationen entschied. Bis 35 war für mich völlig klar, daß ich keine Kinder wollte; meine Karriere und meine Beziehungsform habe ich voll bejaht. Nähe zu Kindern ist etwas anderes.

Ich habe sehr gute Beziehungen zu Kindern, aber ich muß nicht unbedingt eigene haben, und schon gar nicht, da für mich nicht eindeutig klar war, ob ich jemals mit einem Mann in einer Gemeinschaft oder Ehe würde leben können. Mir ist natürlich auch nicht der Partner begegnet, von dem ich sagen konnte, der ist es, der Vater meiner Kinder.

Und die Entscheidung zu treffen, als Frau allein mit Kind zu leben, halte ich für so unglaublich egoistisch, dahinter stehen so panische Ängste vor dem Alleinsein, daß es grauenvoll ist. Ich erlebe es heute, wo die Frauen 40 sind, wo die Kinder zwischen drei und vier Jahre alt und hochgradig verhaltensauffällig sind, wo die Mütter auf dem Zahnfleisch gehen, weil sie mit einer schrecklichen Überreaktion sich auf dieses Wesen stürzen, das dann alles abdekken muß – Zärtlichkeitsbedürfnis, Kommunikationsbedürfnis, Nähebedürfnis: eine totale Überforderung für ein Kind.

Natürlich waren die Einsichten über körperlichen Verfall, über Alter und Tod für mich schmerzhafte Prozesse. Es waren zwei Jahre, in denen es mir wirklich schlechtging, weil ich mich mit diesen Grenzen auseinandersetzen mußte. Und gerade in dieser Phase habe ich die intensivste Stabilisierung, Liebe und Nähe von Wolfgang erfahren. Auch in diesen dunklen Zeiten hatte ich jedoch keine Sehnsucht danach, ihn für mich allein zu haben. Vielleicht liegt das an meiner »Kaputtheit«. Ich denke, es ist meine Lebensform, sie ist neurotisch. Denn es entspricht nicht der Norm, 20 Jahre lang ein primäres Verhältnis mit einem verheirateten Mann zu leben. Ursache ist die Prägung der abhängigen Mutter von »diesem« Vater, was für mich auch etwas mit Sucht und Sehnsucht zu tun hat. Sich so uneingeschränkt, ohne alle authentischen Gefühle für sich selbst, jemandem auszuliefern oder jemanden besitzen zu wollen, finde ich so unerträglich, daß es für mich niemals in Frage gekommen ist. Es gibt für mich kein automatisches Wir. Es gibt zwei Ichs, die sich im Wir treffen, und dieses Wir ist etwas unendlich Schönes. Das muß nicht nur ein gemeinsamer Orgasmus sein. Das können ganz viele Erfahrungen sein, in denen ein Wir gespürt wird. Aber es gibt kein Wir, das einfach nur existiert, weil zwei Menschen auf Gedeih und Verderb durch die Ehe oder was auch immer miteinander verbunden sind. Das ist genau das, was sämtliche Beziehungen zerstört, daß man den anderen nicht in seiner Persönlichkeit so läßt, wie er ist, daß in solchen Beziehungen auch die eigenen Erwartungen nicht mehr artikuliert werden, sondern man sich total – und das ist das Perfide – auf die Bedürfnisse des anderen einstellt, sie erfüllt in der Hoffnung und Erwartung, je mehr man investiert, desto mehr muß man letztendlich auch bekommen. Vielleicht ist es auch die Angst davor, die Exklusivität dieser Liebe, dieser Beziehung, die ich als etwas Absolutes empfinde, zu zerstören durch kleinkarierte Dinge wie Haare im Waschbecken, nicht aufgerollte Zahnpastatuben etc.

Wenn Wolfgang heute käme und sagte, ich habe mich von meiner Frau getrennt, hier bin ich, kann ich genau vorhersagen, was passieren würde. Wir würden uns in die Arme nehmen, nicht reden, sondern uns nur fühlen und empfinden. Erst dann, wenn das Erkennen wieder da ist, diese Nähe und Vertrautheit, wären wir in der Lage, darüber zu diskutieren. Ich würde ihm vorschlagen, o. k., wir werden uns häufiger begegnen, wir werden beide weiterleben wie bisher, wir sind voll integriert in unser Berufsleben. Ich denke, wir sollten eine »örtliche Mitte« finden, in der wir beide in getrennten Wohnungen leben. Ich würde aber nicht mit ihm zusammenziehen.

Bei der Vorstellung, daß er nun immer da und für mich verfügbar wäre, hätte ich sehr positive Gefühle. Aber es ist ja auch viel einfacher, Nähe in Distanz, als Nähe im kleinsten und engsten Raum zu leben. Nähe in Distanz hat eine ganz andere Qualität.

Wenn ich je davon hätte ausgehen müssen, daß er mir sagt, entweder wir leben jetzt zusammen oder wir trennen uns, wäre ich überhaupt nicht mit ihm zusammen. Er würde mir eine solche Frage nicht stellen. Und ich denke, selbst wenn durch irgendeinen Schicksalsschlag seine eheliche Verbindung nicht mehr existierte, würde er mir wahrscheinlich vergleichbare Vorschläge machen wie die, die ich gerade artikuliert habe.

Abhängigkeiten wären für mich nicht denkbar. Und er würde sich aus seiner Situation niemals zu mir in so etwas flüchten müssen, weil er viel zu autonom ist, d. h., er ist in der Lage, ebenfalls allein zu leben. Wir brauchen keine Versorgungsstrukturen.

An Anna M. ist alles dunkel: Die langen Haare, der Teint, die intensiven Augen und vor allem die Stimme. Ihre Rundungen sind umwallt von zumeist ebenfalls dunklen Gewändern. Mit der Lässigkeit ihrer vortrefflichen Erziehung zelebriert sie ihr Leben als »autonome Frau«. Zugleich würde ihr eine jener Kristallkugeln vortrefflich zu Gesicht stehen ...

Anna M. ist es gewöhnt, sich zu artikulieren, tut es mit Lust. Argumentiert bestechend.

Und doch, am meisten rührt es an, wenn diese kluge Frau ganz leise sagt: »Ich habe immer noch Schmetterlinge im Bauch, wenn er kommt.« Dann sieht sie sehr verletzlich aus.

Zu verletzlich für eine »normale« Bindung?

Der Mann, den sie seit 20 Jahren liebt, ist verheiratet, ist selten da. Nach ihm kann sie sich sehnen wie damals nach dem Vater, ohne die abhängige Rolle der Mutter zu spielen. Sie kann die erfolgreiche, selbständige Berufsfrau sein als Geliebte in ihrer »Primärbeziehung« ...

„Eine Aufgabe meiner Selbständigkeit würde für mich niemals mehr in Frage kommen“

Brigitte W., 46, Unternehmerin, geschieden

Ich bin Brigitte W., Unternehmerin in der Kosmetikbranche, 46 Jahre alt und selbständig seit vielen, vielen Jahren.

Ich bin in Königsberg, Ostpreußen, geboren und stamme aus gutbürgerlichen Verhältnissen. Mein Vater war im Krieg, das Schicksal meiner Mutter typisch für die Zeit. Ich habe eine vier Jahre ältere Schwester. Mit uns beiden Kindern mußte meine Mutter auf die Flucht, was sicher tiefe Wunden geschlagen hat.

Meine Mutter ist im letzten Jahr gestorben, mein Vater lebt noch. Meine Eltern haben bis zum Schluß zusammengelebt und haben sich verstanden, wenn auch nicht himmelhochjauchzend. Mein Vater ist, soweit ich es sehen kann, nie untreu gewesen. Seit dem Tod meiner Mutter führe ich viele Gespräche mit ihm. Wir verstehen uns sehr gut, und er hat mir gesagt, er habe seine Frau nie betrogen.

Ich habe mich immer besser mit meinem Vater verstanden als mit meiner Mutter. Für meine Mutter hätte es sicher in ihrem Leben einige Möglichkeiten gegeben, andere Wege zu gehen. Sie war eine sehr gutaussehende und intelligente Frau. Aber ich denke, sie war dazu vielleicht nicht mutig genug zu der Zeit. Ich würde sagen, meine Eltern haben eine konventionelle Ehe mit der üblichen Rollenverteilung geführt.

Ich bin in einem strengen Internat aufgewachsen, nach Mädchen und Jungen getrennt. In dieser Zeit war an sexuelle Kontakte oder dergleichen nicht zu denken. Nach dem Abitur habe ich begonnen, Medizin zu studieren. In dieser Zeit ergaben sich die ersten kleinen Flirts. Leider habe ich das Studium nicht abgeschlossen.

Indirekt war mein späterer Mann am Abbruch meines Studiums

schuld. Seinetwegen habe ich mein Studium aufgegeben und ihn geheiratet. Er selbst hat weiterstudiert. Die Ehe hielt vier Jahre und ist dann gescheitert. Man macht einen gravierenden Fehler, wenn man von sich aus etwas aufgibt, weil man zu diesem Zeitpunkt glaubt, es sei richtig. Seinetwegen gingen wir nach München. Jedenfalls bin ich seither der festen Meinung, daß man sich selbst nicht für einen Partner aufgeben sollte.

Ich war also mit 30 wieder geschieden, saß in München und hatte keinen Beruf. Während meiner Ehe habe ich nicht gearbeitet, sondern war eigentlich dem traditionellen Muster der Ehe meiner Eltern gefolgt.

Ich habe mir also überlegt, was für mich überhaupt in Frage kommen könnte. Hätte ich mein Studium beendet – aber dazu hätte ich Geld gebraucht –, wäre ich sicher Landärztin geworden, obwohl ich weiß, daß dort nicht so viel verdient wird. Aber es hätte mir am meisten gelegen, weil auch der psychologische Aspekt hineinspielt, der mich ungeheuer interessiert.

Ich habe also eine Kosmetikausbildung gemacht und war mit meinem Wissen den meisten anderen weit voraus. Ich kann doch vieles von meinem medizinischen Wissen hervorragend einbringen. Im Laufe der Zeit habe ich ein Geschäft nach dem anderen aufgebaut.

Für meinen Mann hatte ich mich in der Ehe sehr engagiert. Nachdem die Ehe auseinanderbrach, entstand eine lange, lange Pause. Der Hauptgrund für meine Scheidung lag im Wirtschaftlichen, weil ich kein Land sah. Ich hatte alles aufgegeben und sah eigentlich nicht, wie es weitergehen sollte. Er selbst hat sein Studium später auch aufgegeben, so daß ich der Meinung bin, die Trennung von ihm war absolut richtig. Mit meinem Mann habe ich selbst keinen Kontakt mehr, nur meine Schwester. Er hat wieder geheiratet und hat einen Sohn.

Der Kontakt zu meiner Schwester ist nicht besonders gut. Das liegt daran, daß sie sehr etabliert lebt, eine durch und durch traditionelle Ehefrau mit einem Sohn ist. Sie hat sich überhaupt nicht weitergebildet oder weiterentwickelt.

Nach dem Scheitern meiner Ehe brauchte ich erst einmal Ruhe. Ich wollte mich auf mich selbst konzentrieren und auf eigene Füße stellen, damit es keine Abhängigkeiten mehr gab. Es gab kleinere Flirts, aber nichts Bedeutendes. Ich bin ein wenig durch Schwabing gezogen, traf immer wieder dieselben Leute, man würfelte und trank ein Pils, es gab kleine Flirts, aber das war es auch.

Die erste ernsthafte Bindung begann mit meinem jetzigen Freund Harald, der mein absoluter Traummann ist. Ich traf ihn vor sechs Jahren in einem ganz alten Münchner Biergarten mit Restaurant und Tanz. Es war ein wunderschöner Nachmittag im September, ein sehr schöner Herbsttag. Ich war mit Freunden dort, es spielte Musik, und er holte mich zum Tanzen. Ich dachte zuerst, das darf nicht wahr sein, dieser Mann kann keinen Schritt tanzen, woher nimmt er eigentlich den Mut, dich zum Tanzen aufzufordern. Als ich ihn später fragte, sagte er, wie soll man denn sonst jemanden kennenlernen? Wir haben später viel darüber gelacht, daß wir uns in einem Tanzlokal kennenlernten, obwohl er überhaupt nicht tanzen kann.

Er hat mir gleich gefallen, und deshalb habe ich auch ruhig getanzt und mich einigermaßen abgequält. Sofort sprang ein Funken über, es war sofort etwas da, eine gewisse Spannung. So was wie Liebe auf den ersten Blick, es bereichert das Leben sehr, ist eine ganz andere Dimension, eine Ausstrahlung, eine Spannung, ein großes Gefühl.

Ich habe mich nicht mit ihm verabredet, weil ich dachte, es ist eine Frechheit, mich zum Tanzen zu holen, wenn man überhaupt nicht tanzen kann. Er scheint dann gegangen zu sein. Meine Freunde und ich sagten uns, was machen wir denn jetzt noch mit dem angebrochenen Nachmittag. Wir gingen also in eine Weinstube, um noch einen Schoppen zu trinken. Das war gegen 17.30 Uhr. Als wir die Pfälzer Weinstuben betraten, saß er dort allein an einem Tisch. Ob es Schicksal oder Zufall war? Ich glaube, es gibt schon gewisse Energien, die die Menschen leiten, oder irgendwelche Ahnungen.

Ich habe nur gesagt: »O Gott, da sitzt er!« Wir haben uns an seinen Tisch gesetzt, und natürlich ist es in einer Weinstube überhaupt kein Problem, in einer Runde in ein Gespräch zu kommen. Wir haben getrunken und erzählt. Es war ein ausgesprochen netter und angenehmer Abend, und wir haben über die tollsten Themen geredet. Er brachte mich zum Auto, und da fragte er mich, ob er mich einmal anrufen könne. Dem habe ich zugestimmt. Zu diesem Zeitpunkt war mir bereits klar, daß er verheiratet ist. Er trug zwar keinen Ehering, es wurde auch nicht davon gesprochen, aber mein Gefühl sagte mir, er ist verheiratet.

Ich hörte ein paar Tage nichts und dachte schon etwas unruhig, ob er sich wohl melden wird? Ich hatte nie Schwierigkeiten, jemanden kennenzulernen, und es interessierte mich, ob er sich melden würde oder nicht. Im Hinterkopf war mir da schon klar, es wird problematisch. Dann rief er an, wir trafen uns – eigentlich lange, ohne daß ein intimes Verhältnis entstand. Über seine Ehe ist lange kein Wort verloren worden, und ich habe ihn auch nicht danach gefragt. Wir gingen einfach spazieren, essen et cetera, es war einfach schön, mit ihm zusammenzusein.

Harald ist mir in jeder Hinsicht geistig gewachsen und arbeitet als Angestellter. Er ist verheiratet und hat keine Kinder. Eine echte Liebesbeziehung begann nach einem halben Jahr. Es war eine sehr faszinierende, knisternde Beziehung, es kam ganz automatisch. Wir haben uns dann sehr oft gesehen, haben viel zusammen gemacht und unternommen. Ich glaube schon, daß die Ehe nicht in Ordnung war, daß er auch vorher kleinere Affären gehabt hat. Eine so langfristige Beziehung wie mit mir wäre sicher nicht möglich gewesen, wenn die Ehe in Ordnung gewesen wäre.

In der letzten Zeit hat sich etwas geändert. Seine Frau setzt ihm jetzt sehr erpresserisch zu. Sie wird nichts von mir wissen, aber wir haben über Jahre das Wochenende gemeinsam hier bei mir in München verbracht. Das muß doch jede Frau merken. Ich nehme an, daß ihr das seinerzeit egal war oder sie vielleicht auch eine Beziehung hatte. Dann, eines Tages, gab es kein gemeinsames Wochenende mehr. Er kam am Samstag oder Sonntag, aber er blieb nicht mehr über Nacht. Ich habe das Thema dann offen angesprochen. Er hat sich sehr lange gedrückt, bis er mir eines Tages erzählte, daß immer Zettel von seiner Frau dalägen, die ihm drohe, wenn er über Nacht wegbleibe, würde sie ihm Salzsäure ins Gesicht schütten. Dann folgten Zettel, daß sie das Haus anstecken würde, wenn er über Nacht nicht nach Hause käme. Vorher muß ihr das wohl egal gewesen sein. Ich habe bemerkt, daß er schreckliche Angst hatte.

Während der sechs Jahre unserer Beziehung – zum erstenmal vielleicht nach vier Jahren – stand öfter zur Debatte, daß er sich von seiner Frau trennen und zu mir kommen wollte. Ich habe das abgelehnt. Ich wollte nicht noch einmal die Erfahrung wiederholen, etwas aufzugeben.

Ich war nicht bereit, ihm Unterschlupf vor dieser »bösen Frau« zu gewähren, weil ich dies für keine Lösung halte. Das hat aber nichts mit der Intensität unserer Beziehung zu tun. Das berühmte »Knistern« ist nach wie vor dasselbe. Trotzdem wollte ich auf keinen Fall, daß er zu mir ziehe. Es ist für mich ganz wichtig, daß ich meine Selbständigkeit beibehalten und weiterarbeiten kann. Eine Aufgabe meiner Eigenständigkeit würde für mich niemals in Frage kommen, nie mehr. Das steht so fest wie sonst gar nichts. Und schon gar nicht für eine Beziehung. Es wäre vielleicht etwas anderes, wenn mit der Familie meines Vaters etwas passieren würde, ich nach Düsseldorf umsiedeln müßte oder so etwas, dann würde ich sagen, ja, ich baue mir dort wieder etwas auf. Aber für eine Beziehung würde ich dies mit Sicherheit nicht tun.

Ich habe also sehr klare Vorstellungen und Vorbehalte, und höchstwahrscheinlich habe ich durch diese Haltung dazu beigetragen, daß sich diese Beziehung lösen wird. Er war ernsthaft bereit, sich für mich zu entscheiden. Aber er war es nicht so konsequent, daß er tatsächlich zum Anwalt gegangen wäre und die Scheidung eingereicht hätte. Das hat er letztendlich nicht getan. Er wollte getrennt leben, und das bei mir, also eine halbe Sache. Er lebte immer in der Vorstellung, daß er einen Brief vom Anwalt seiner Frau bekommen würde, aber es kam keiner. Und aus den Drohungen der letzten Zeit kann man sehr genau erkennen, daß sie die Ehe halten will, und zwar um jeden Preis. Sie arbeitet nicht, führt ein Luxusleben, ist dort auf dem Land sozial etabliert. Der entscheidende Faktor scheint mir zu sein, daß sie diese soziale Stellung aufrechterhalten will, finanziell und sozial, vor allem aber den Status der verheirateten Frau. Sie ist etwas älter als ich, ungefähr in seinem Alter.

Nach wie vor würde ich trotzdem sagen, Harald ist mein Traummann. Das ist zwar reiner Zufall, aber es ist so. Es gibt natürlich

Einschränkungen: Da ist eine Inkonsequenz, seine Feigheit, daß er sich einer solchen Drohung nicht widersetzt.

Wenn ich mich frage, ob meine Beziehung in zehn Jahren noch bestehen wird, muß ich sagen: Mit Sicherheit nicht. Wenn ich ganz entscheidende Charakterzüge bei einem Menschen vermisse, die für mich von Wichtigkeit sind, die sich erst in einer solchen Situation zeigen, wie Mut, Konsequenz, Aufrichtigkeit, Geradestehen für seine Entscheidungen, dann bröckelt da schon etwas ab.

Meine Liebe ist sicher noch groß, aber sie beginnt zu leiden, und das halte ich auf Dauer nicht durch. Im Moment halte ich die Beziehung noch aufrecht, vielleicht weil er noch zu hartnäckig ist. Aber von mir aus unternehme ich nichts. Ich rufe ihn nicht an, ich nehme keinen Kontakt auf. Aber er denkt und hofft noch immer, daß er etwas reparieren kann, daß alles wieder wird, wie es war.

Käme er heute und sagte mir, daß er in drei Monaten Gerichtsverhandlung hätte, dann würde ich auch nicht mit ihm zusammenziehen, sondern weiter so leben wie bisher. Dazu ist schon zuviel kaputtgegangen. Ich breche jedenfalls heute nicht mehr an der Tür zusammen, um ihm in die Arme zu fallen. Diese Phase ist vorbei. Schließlich hat er sich massiv zurückgezogen, ohne mich zu informieren. Er hat einfach die bislang gewohnten Zeiten stillschweigend abgebaut, und das war sehr gravierend für mich. Er war zwar auch sonst unter der Woche manchmal bei mir, aber er hat nie hier geschlafen. Aber das Wochenende haben wir immer zusammen verbracht. Das war von einem Tag zum anderen vorbei, und er hat mir dies nicht offen gesagt. Er hat es einfach gemacht, und ich wußte lange nicht, warum.

Ich neige dazu, zunächst einmal bei mir zu schauen, habe ich was falsch gemacht, woran liegt es? Was könnte es sein? Im Grunde könnte er mir das doch alles sagen.

Er ist weiterhin hartnäckig um mich bemüht, aber die Wochenenden hat er nicht wiederaufgenommen. Er hat einfach Angst. Er ist den Schritt zurückgegangen, er will die Ehe aufrechterhalten. Davon bin ich felsenfest überzeugt. Warum? Aus Liebe sicher nicht. Er selbst hat gesagt, daß das Finanzielle eine entscheidende Rolle spielt. Sie stellt wohl sehr hohe Ansprüche, und da sie ja nie gearbeitet hat, wird er für sie hundertprozentig sorgen müssen, sie würde das Haus bekommen, einen hohen Unterhalt, er käme also in finanzielle Bedrängnis und müßte tatsächlich bei mir unterschlüpfen.

Als wir uns kennenlernten, war ich auch noch in dem Alter, in dem Kinder zur Debatte stehen. Natürlich haben wir darüber nachgedacht, wobei es erstaunlich ist, daß er mehr von Kindern sprach als ich. Ich hatte das Gefühl, daß er schon gerne Kinder gehabt hätte. Warum es in seiner Ehe keine Kinder gab, weiß ich nicht so recht.

Die Leiden in der Beziehung mit einem verheirateten Partner ergeben sich vor allem aus der räumlichen Trennung. Man kann nicht so oft zusammensein, wie man möchte. Bis vor einiger Zeit konnte ich mir manchmal vorstellen, mit diesem Mann zusammenzuleben, aber ich habe es natürlich in der letzten Konsequenz nicht durchlebt. Es waren ja immer nur Wochenenden und einzelne Tage. Bei mir hat meine frühere Ehe zu einem Lernprozeß, bezogen auf die finanzielle Unabhängigkeit, die Selbständigkeit, geführt. Das halte ich für unwahrscheinlich wichtig. Es ist nicht nur das Geld, sondern auch das Selbstvertrauen, beides hängt voneinander ab. Ohne Selbstvertrauen können Sie keine Geschäfte machen, können Sie nichts aufbauen, und je mehr die finanzielle Sicherheit da ist, um so mehr Selbstvertrauen erwirbt man. Ich habe aber durch meine frühere Ehe keinerlei Bindungsangst erworben, sondern nur die Angst, meine Unabhängigkeit aufzugeben. Ich denke auch, daß es in einer Beziehung, ob sie nun zur Ehe führt oder nicht, wenn der finanzielle Hintergrund in Ordnung ist, wegen der Haushaltsführung mit Sicherheit nicht zu Spannungen kommen muß. Allerdings muß ich sagen, daß ich nicht auf eine Heirat fixiert bin. Wenn die Beziehung zu einem Partner wirklich meinen Vorstellungen entspricht, ist mir das Zusammensein wichtig.

Nun ja, hätte ich meinen Freund aufgenommen, wäre es vielleicht anders gelaufen. Vielleicht wäre alles eines Tages doch sehr schön geworden, aber wer weiß das. Ob es ein Fehler von mir war? Es wäre jedenfalls eine Möglichkeit gewesen, ich bin aber auch jetzt ganz sicher, daß ich es nicht tun werde. Sicher habe ich ihn überschätzt, indem ich von ihm die Konsequenz verlangte, die er nicht aufbringen kann, von der er restlos überfordert war.

Wenn ich ihn wirklich so geliebt hätte, wie er ist, dann hätte ich sicher nicht Dinge von ihm verlangen dürfen, die er nicht geben kann. Wenn es so wäre, hätte ich ihn ja aufnehmen müssen. Aber eine Liebe um jeden Preis – das geht nicht für mich. Es hat alles seine Grenzen, jedenfalls in meinem Alter. Ich würde jedenfalls – auch wenn ich noch so verliebt wäre – nicht bedingungslos alles aufgeben. Der Verstand ist einfach nicht mehr ausschaltbar. Ich würde denken, daß hier auch von der anderen Seite etwas kommen muß und kommen sollte. Und bestimmte charakterliche Grundvoraussetzungen sowie die wirtschaftliche Situation sind durchaus auch bestimmend für mich.

Wenn ich mir überlege, wie mein Leben in zehn Jahren aussieht? Eigentlich immer noch so wie jetzt. Ich denke, daß sich in zehn Jahren noch nichts geändert hat. Höchstwahrscheinlich wird es keinen anderen Mann geben. Höchstens mit Harald – aber nur, wenn sich etwas Entscheidendes ändert. Wenn nicht, bleibe ich lieber allein. Um diesen Preis nicht. Sollte es aber so sein, daß es eine Lösung bei ihm gibt, wozu er bisher nicht stabil genug war, wäre es möglich. Ich habe nämlich gesagt: Wenn wir das Wochenende haben und seine Frau ist mit diesem modus vivendi einverstanden, dann kann unsere Beziehung weitergehen. Da das aber nicht der Fall ist, nehme ich doch an, daß er sich entschieden hat, das Zugeständnis zu Hause zu machen.

Es ist auch zur Sprache gekommen, warum die Frau so bereitwillig akzeptiert hat, daß ihr Ehemann jedes Wochenende fort ist. Er sagte, sie reise sehr viel allein, sie sei manchmal ein Vierteljahr weg, und er war sich äußerst sicher. Sie fährt auch viel ins Gebirge oder in ein exquisites Hotel. Ich denke, daß in dieser Ehe die Frau die Stärkere ist, während er eben Angst hat. In unserer Beziehung bin ich wohl auch die Stärkere, aber ich würde ihn natürlich nicht erpressen. Ich würde niemals Druck auf ihn ausüben, sondern ziehe mich eher zurück. Und es wäre ja bestimmt auch so weitergegangen, und jeder wäre eigentlich zufrieden, wenn seine Frau nicht so massiv geworden wäre.

Wenn der bestehende Modus – Wochenende zusammensein, ein- oder zweimal in der Woche ein Treffen, wenn auch nicht über Nacht – bestehengeblieben wäre, könnte ich mir vorstellen, daß dies über Jahre so weitergegangen wäre. Damit wäre ich auch zufrieden gewesen, weil wir sehr viel in der Freizeit zusammen unternommen haben. Wir sind gemeinsam ins Gebirge, zum Baden gegangen, Tennisspielen, wir haben einfach alles gemeinsam gemacht. Wir haben uns so gut verstanden, dazu kamen die Gemeinsamkeiten, wir stimmten einfach so hervorragend überein, was die Beziehung so harmonisch machte. Daneben blieb natürlich auch genug Kraft und Zeit für die Arbeit während der Woche. Nun will er am Samstag wohl kommen, aber dann heimfahren. Manchmal kommt er nur noch am Sonntagmittag. Er ißt noch zu Hause, was er zwar nicht sagt, aber ich kann es mir einfach ausrechnen. Und das ist nun wirklich nicht mehr befriedigend.

Die Vorteile sind natürlich deutlich: Zeit für die Arbeit, Unabhängigkeit et cetera. Der einzige, wenn auch große Wermutstropfen ist der, daß er nun eben nicht bereit ist, eine Konsequenz zu ziehen. Und ich denke, daß er sich aus Angst vor seiner Frau so verhält. Man kann natürlich in keinen Menschen hineinschauen, aber ich denke schon, daß ich ihn so gut kenne. Ich habe auch ein gutes Gespür für Menschen, ich erspüre das. Ob dies aus finanziellen Gründen oder nur aus Angst so ist, weiß ich nicht – es kommt einfach alles zusammen.

Ich bin ein Typ, der sich ein-, zweimal richtig reinhängt, aber dann nicht mehr. Dafür ist es dann aber auch sehr schön für mich. Man hat nicht nur die Tiefen, sondern auch die absoluten Höhen. Es sind auch unbeschreiblich schöne Dinge, die man dann erlebt. Und wenn wirklich etwas »anspringt«, wenn das Gefühl mitspielt, ist Erotik für mich ungeheuer wichtig und schön. Nur reiner Sex ist nichts für mich. Ich glaube zwar, daß viele Frauen das können, daß sie ihre sexuellen Bedürfnisse besser steuern können ohne das bißchen Herz, aber für mich geht das nicht.

Es wäre ja auch ohne weiteres möglich, daß neue Menschen in mein Leben treten. Ich werde mich natürlich auch in meiner Freizeit jetzt mehr engagieren, wodurch man mehr Abstand bekommt.

Ich kann mir vorstellen, daß ich mich wieder in einen verheirateten Mann verliebe. Ich würde jedenfalls nicht grundsätzlich sagen, daß ich es nicht tun würde. Ich habe gerade während eines Griechenlandaufenthaltes einen Mann getroffen – toll, nicht nur von der Optik her, sondern er ruhte so in sich selbst, und es war so entzückend, sich nur mit ihm zu unterhalten. Und ich habe gedacht, nanu, es ist ja was da! Er war natürlich verheiratet und hatte drei Kinder, natürlich war auch die Frau da, genau so süß und charmant. Aber ich dachte mir, schau' mal, nicht unflott, also das Schauen ist geblieben ...

Groß, blond und elegant sitzt sie da während des Gesprächs, sehr aufmerksam und mit jener Verbindlichkeit, ohne die sie in ihrer Branche nicht so weit gekommen wäre.

Im Laufe der Zeit tritt die ganze Geradlinigkeit dieser Frau zutage, die paradoxerweise als heimliche Geliebte lebt. Einmal im Leben hat sie sich »sehr engagiert«, hat ihr Studium aufgegeben, sich ganz auf ihre Ehe konzentriert. Die Beziehung scheiterte, die Opfer hatten sich als vergeblich erwiesen. Seitdem besteht Brigitte W. auf ihrer Eigenständigkeit, hat beruflich viel erreicht. Mit ihrem »Traummann« verbrachte sie jahrelang die Wochenenden, hielt ansonsten Abstand. »So hätte es noch lange weitergehen können, und alle wären zufrieden gewesen«.

Die Ehefrau ihres Freundes war es offenbar nicht. Sie macht Druck, der Freund gibt nach.

»Unterschlupf« wollte Brigitte W. ihm nicht gewähren, erwartete Konsequenz, ging von ihrer Sicht der Dinge aus. Überforderte ihn. Jetzt bröckelt die Beziehung ...

„Wollte er zu mir ziehen, dann würde ich sagen: Um Himmels willen, nur das nicht“

„Ich kann tun und lassen, was ich will, und bin niemandem Rechenschaft schuldig“

Erika K., 52, Beamtin in leitender Position, geschieden, drei Kinder
Clarissa K., 25, deren Tochter, Beamtin, ledig

Ich heiße Erika K. Ich werde im Oktober 52 Jahre alt und bin im öffentlichen Dienst tätig. Meine Tochter Clarissa (25) ist ebenfalls im öffentlichen Dienst tätig.

Ich bin in Breslau geboren und hatte keine schöne Kindheit. Als ich fünf Jahre alt war, hat mich mein Vater, der auf Kriegsurlaub kam, fürchterlich geprügelt, in die Ecke gestoßen und mit Stiefeln auf mich eingeschlagen.

Ich hatte eine Schwester, die mit 17½ Jahren auf der Flucht gestorben ist. Auch sie hat unter meinem Vater sehr gelitten. Ich würde sogar behaupten, daß er schuld an ihrem Tod war.

Mein Bruder ist fünf Jahre älter als ich. Ihn sehe ich nur sporadisch. Er ist Regierungsamtsrat in Bonn, sehr intelligent, aber seelisch total fertig. Im April habe ich ihn zu seinem 57. Geburtstag besucht und war sehr erschrocken. Er sieht aus wie 70, ist total gebrochen, der Spielleidenschaft verfallen und spricht nur vom Sterben. Er sagte zu mir: »Und wenn man dann stirbt, dann kommt wieder so ein Gottvater, wieder so eine Vaterfigur, die einen für irgend etwas bestraft.«

Meine Mutter war trotz allem eine wahnsinnig optimistisch denkende, herzensgute, aufgeschlossene und verständnisvolle Frau. Auch sie wurde von meinem Vater mißhandelt. Sie stand aber immer für alles ein und arbeitete, wenn es nötig war.

Mein Vater war Eisenbahner, meine Mutter hatte sich selbständig gemacht. Wir wohnten in der Nähe der Universität Breslau, und meine Mutter betrieb ein eigenes Schreibbüro. Sie schrieb sämtliche Arten von Doktorarbeiten für Studenten.

Vielleicht ist meine Mutter ihm einfach zu stark, zu tüchtig gewesen, was ihn in seiner Rolle als Patriarch bedrohte. Er hat deshalb wohl versucht, sie zu unterjochen. Jedenfalls waren die Verhältnisse in unserer Familie katastrophal. Wenn der Vater kam, erstarrte alles in Angst und Schrecken.

Ich habe bald versucht, von zu Hause wegzukommen. Nachdem ich die höhere Handelsschule absolviert hatte, ging ich in den Beruf. Ich ging von zu Hause weg, weil ich es nicht mehr ausgehalten habe.

Das einzige, was es in unserer Familie an Gemeinsamkeit gab, war der wache Verstand. Und ich habe immer mehr daran gedacht, daß ein Mann für mich in erster Linie intelligent sein müsse. Wirtschaftliche Verhältnisse haben mich weniger interessiert. Während meiner Tätigkeit am ersten Arbeitsplatz haben sich meine Vorstellungen völlig geändert. Dort gab es lauter sogenannte intelligente Männer aus besseren Schichten, die aber charakterlich mies waren.

Nach eineinhalb Jahren schrieb mir meine Mutter, daß sie es ohne mich nicht aushalten könne. Also bin ich wieder nach Hause – inzwischen lebten wir im Schwarzwald – und bekam dort eine sehr gute Stellung.

Dort lernte ich meinen Mann kennen, der Handwerker war. Eigentlich habe ich mit ihm zum erstenmal in meinem Leben einen Mann kennengelernt, von dem ich dachte, er sei gutmütig. (Die Tochter bemerkt, er sei eher gleichgültig gewesen.)

Ich war immerhin schon 22 Jahre, habe eigentlich überhaupt nichts gedacht, außer daß da jemand ist, der nicht gleich losbrüllt und der nicht prügelt. Und Selbstbewußtsein hatte ich natürlich überhaupt keines.

Ich wollte nie heiraten, weil ich das Leben meiner Mutter sah und ihr immer sagte, sie solle diesen Mann verlassen. Ich hatte meinen Beruf, wollte unabhängig sein, reisen, selbständig sein, niemals so leben müssen wie meine Mutter.

Ich traf meinen Mann im November 1957 und habe im Dezember das erstemal mit ihm geschlafen. Und da war die Falle zu. Ich wurde schwanger und mußte heiraten. Mein Vater sagte, er könne es sich in seiner Position als Bahnvorsteher in einem 600-Seelen-Dorf nicht leisten, daß seine Tochter ein uneheliches Kind bekommt.

Mit meinem Mann war ich zwölf Jahre verheiratet. Gescheitert ist die Ehe an meiner Weigerung, länger so zu leben. Mein Mann war labil und leichtsinnig. Ich habe in zwölf Ehejahren 38 Arbeitsstellen von ihm kennengelernt.

Mein Mann war das krasse Gegenteil von meinem Vater. Er war alles andere als Gottvater, er war schwach und mußte gestützt werden. Und ich verliebte mich wohl auch deshalb in ihn, weil bei meinem Vater der Mensch erst mit der höheren Bildung begann. Mein Mann war das genaue Gegenteil, er war Handwerker, aber viel besser als mein Vater. Er prügelte nicht und war großzügig und liebevoll zu seinen Kindern. Das kannte ich von meinem Vater überhaupt nicht. Aber er hatte absolut kein Verantwortungsgefühl gegenüber der Familie.

Ich habe fast während der ganzen Ehezeit Geld verdient, weil es nötig war. Nach zwölf Jahren ließ ich mich dann ziemlich abrupt scheiden. Und da wurde mein Mann gewalttätig. Er bedrohte mich – sogar mit dem Messer. Die Beziehung wurde gelöst, inzwischen ist er gestorben.

Clarissa K.:
Ich kann mich an den Vater – außer an eine Ohrfeige, die ich einmal bekam – kaum erinnern. Ich war acht Jahre alt, als die Eltern sich scheiden ließen. Ich habe ihn auch wirklich wenig erlebt. Denn gegen Ende der Ehe gab es auch nicht mehr das tägliche einmalige Zusammenkommen der Familie, weil mein Vater oft überhaupt nicht von der Arbeit nach Hause kam, sondern direkt ins Wirtshaus ging. Meine Mutter brachte uns Kinder frühzeitig ins Bett, so daß wir den betrunkenen Vater kaum sahen.

Nach der Scheidung der Eltern wollte ich – ebenso wie meine Schwester – keinen Kontakt zum Vater. Wir wollten die Mutter nicht damit verletzen, daß wir zum Vater gingen. Es bestand wohl eine gewisse Eifersucht gegenüber dem Vater.

Erika K.:
Die Kinder waren zum Zeitpunkt der Scheidung acht, zehn und zwölf Jahre alt. Ich selber hatte eine wahnsinnige große Wut auf ihn, weil er keinen Unterhalt bezahlte. Ich hatte sehr viele Schulden von

ihm übernommen und mußte von Null anfangen mit meinen drei Kindern. Er kam und besuchte uns und, was die Kinder nicht wußten, versuchte immer wieder, mit mir zu schlafen. Das wollte ich jedoch nicht mehr und lehnte es kategorisch ab. Er hat es dann ganz bewußt über die Kinder versucht, denen er sagte, die Mami würde ihn hinauswerfen, obwohl er gerne dableiben würde. Darüber waren die Kinder naturgemäß böse.

Clarissa K.:
Ich habe meine Kindheit als schön empfunden. Wahrscheinlich weil der Vater nicht da war, meine Mutter den ganzen Tag im Geschäft gewesen ist und wir drei Kinder nach der Schule daheim wirklich tun und lassen konnten, was wir wollten. Im Gegensatz zu unseren Schulfreunden mußten wir niemanden fragen. Und natürlich haben wir auch nicht alles erzählt. Dadurch sind wir sehr selbständig geworden und untereinander ein ganz verschworener Verein.

Erika K.:
Ich wurde geschieden und fing direkt danach an, ganztags zu arbeiten. Nach vier Jahren machte ich eine entsprechende Ausbildung und wurde Beamtin. Dies hatte ich angestrebt, weil es für mich einfach Sicherheit bedeutet hat. Ich habe den öffentlichen Dienst bewußt gewählt, alle Vorteile eingerechnet, wie bestimmte verbilligte Leistungen et cetera. Ich bin zwölf Jahre lang so geschwommen, daß ich endlich Sicherheit wollte. Ich glaube nicht, daß es etwas mit meinem Vater zu tun hat, der ja auch Beamter war, allerdings nicht in so hoher Position wie ich. Das einzig Positive, was mein Vater für die Familie bedeutet hatte, war ja die Sicherheit durch seine Stellung bei der Bahn.

Nach der Ehe mit meinem chaotischen Mann kehrte ich also sozusagen wieder zurück in geregelte Bahnen und wählte die Sicherheit für meine Kinder, die ich ja auch entsprechend beeinflußt habe.

Nach dem Ende der Ehe blieb ich ein Jahr allein. Inzwischen war ich 35 und lernte auf einem Betriebsausflug einen verheirateten Mann kennen, mit dem ich fünfeinhalb Jahre zusammen war. Er war, wie alle meine Männer außer meinem Ehemann, drei Jahre jünger als ich. Ich habe getanzt und mich zum erstenmal wieder richtig locker gefühlt, ohne Probleme. Er war der Schlagzeuger der Band und, was ich nicht wußte, bei einer ähnlichen Dienststelle beschäftigt. Musik machte er nur in seiner Freizeit. Er hat mir gleich gefallen, war auch ein gutaussehender Mann.

Wir verabredeten uns wieder, erzählten voneinander. Er sagte, er sei verheiratet. Das hat mich nicht weiter berührt, weil ich überhaupt nicht daran dachte, jemals wieder mit einem Mann näher zusammenzusein. Er kam mich dann etwa alle drei Wochen besuchen, brachte eine Dose selbstgemachte Wurst und eine Flasche Wein mit.

Insgesamt habe ich diese fünfeinhalb Jahre recht positiv erlebt, obwohl ich nie gemeinsame Freizeit mit ihm erlebt habe, weil er zuviel Angst vor der Entdeckung hatte. Wir sind ein einziges Mal zusammen bei wunderschönem Wetter weggefahren, im Autoradio spielte schöne Musik, und plötzlich mußte ich weinen. Mir wurde bewußt, in welcher Situation ich mich befand. Ich würde gleich nach Hause gefahren werden, abgeladen werden wie ein Waisenkind, das man einen halben Tag aus dem Heim holt und dann wieder abliefert. Er würde wieder nach Hause fahren zu seiner Frau.

Es stand niemals zur Debatte, daß er sich scheiden ließe. Das wäre überhaupt nicht in Frage gekommen. Er mochte mich einfach, weil ich intelligent war, weil er sich mit mir unterhalten konnte, aber auch, weil ich ehrlich war. Seine Frau hat gelogen, wenn sie den Mund aufmachte. Das einzige, was bei beiden bestens klappte, war die Sexualität. Dafür brauchte er mich nicht.

Ich brauchte ihn, um mich vor mir selber zu schützen. Ich bin ein impulsiver Typ. Es hätte viele Gelegenheiten für mich gegeben, Beziehungen einzugehen. Ich wollte keine dauernd wechselnden Affären. Ich wollte jemanden, den ich gerne hatte, ich habe ihn wahrscheinlich sogar geliebt. Und ich bin ein Mensch, der Halbheiten ablehnt, ich wollte einfach zu einem Menschen gehören.

Clarissa K.:
Ich habe an diesen Geliebten positive Erinnerungen. Meine Mutter war sehr viel ausgeglichener, seit sie diesen Mann kannte. Wir Kinder haben die Beziehung unserer Mutter als positiv empfunden.

Sie war einfach fröhlicher, sie ließ uns mehr Freiraum, war weniger schwierig. Es tat ihr einfach gut. Ihr sehr schwaches Selbstbewußtsein wurde dadurch gestärkt, daß ihr jemand Zuneigung entgegenbrachte. Denn Kinder sind dazu ja nicht in der Lage und können einen Partner nicht ersetzen.

Einen anderen Mann als Vater hätte ich mit Sicherheit damals nicht akzeptiert. Ich hätte mir von keinem Mann etwas sagen lassen, sondern, wenn überhaupt, nur von meiner Mutter. Mein Bruder hätte ebenso reagiert, bei meiner Schwester bin ich nicht sicher. Wenn wir länger gesehen hätten, daß es unserer Mutter guttut, hätten wir ihn sicher im Haus akzeptiert. Ich bin gut mit ihm ausgekommen. Grundsätzlich war es uns aber sehr recht, daß er immer wieder ging und kein fester Bestandteil der Familie wurde.

Erika K.:
Über eines war ich mir klar: Ich habe aufgeatmet, als ich geschieden war, und hatte mir geschworen, nie mehr zu heiraten. Es war in meinem Leben immer so, daß ich Schiffbruch erlitt, wenn ich gefühlsmäßige Entscheidungen traf.

Das einzige, worauf ich mich immer verlassen konnte, war mein Verstand. Und ich habe in der Arbeit sehr viel Anerkennung gefunden, mich sehr hineingekniet, habe meine Ausbildung gut absolviert, war also beruflich sehr erfolgreich. Ich war unabhängig und wollte es auch bleiben. Und ich habe mir bewußt immer, wenn ich mich einsam oder verloren fühlte, miese Ehen als Beispiel vorgehalten, nie gute, mir selbst gesagt, daß ich froh sei, keine schlechte Ehe mehr zu führen.

Es waren zwar sehr, sehr schwere Jahre mit den Kindern, aber ich war wirklich ausgefüllt mit Lernen und Arbeiten, hatte die Kinder. Ich hatte laufend ein schlechtes Gewissen meinen Kindern gegenüber, weil ich ihnen ja als Mutter im Grunde nicht gerecht werden konnte. Ich war nicht präsent, konnte sie nicht so versorgen, wie es sein soll, hatte aber keine andere Möglichkeit.

Offensichtlich haben meine Kinder das aber nicht so empfunden. Sie hatten natürlich das Glück, nicht wirklich allein zu sein, sie waren ja zu dritt und konnten sich gegenseitig sehr stark stützen.

Wodurch wurde die Beziehung beendet? Also, in der vorher

geschilderten Situation, ich weinte und war aufgelöst, sagte er zu mir, ich solle mich zusammenreißen. Ich stieg aus dem Auto und dachte mir, so nicht. Diese kalte Bemerkung war eigentlich der Anfang vom Ende. Ich bin sehr impulsiv, kenne keine Kompromisse, mag keine halben Sachen, entweder ganz oder gar nicht, ist meine Devise.

Nachdem dieses Drama sein Ende fand, fuhr ich zu einer Gewerkschaftstagung in den Taunus. Ich war inzwischen 41, fühlte mich zu der Zeit sehr wohl, war locker, hatte keine Probleme, war absolut frei. Meine Kinder waren in der Ausbildung, kamen am Wochenende nach Hause, meine eine Tochter lebte bei mir. Es lief alles gut. Auf dieser Tagung lernte ich meinen jetzigen Partner kennen. Er war sechs Jahre jünger. Zunächst nahm ich ihn überhaupt nicht zur Kenntnis. Er war einer von vier jüngeren Männern, die am Tisch neben mir zu Abend aßen. Jeden Abend fragte mich sein Freund, ob wir nicht zusammen ausgehen würden. Ich hatte aber gar keine rechte Lust, sondern ging lieber in mein Bett, um zu lesen. Am letzten Tag gingen wir dann doch gemeinsam aus. Ja, so begann das.

Inzwischen sind es acht Jahre. Er ist nach wie vor verheiratet und hat einen Sohn. Wir sehen uns oft, er arbeitet auch im öffentlichen Dienst, schafft es aber, sich mehrmals in der Woche freizumachen. Unsere Treffen vereinbaren wir in der Arbeit, er ruft mich täglich zweimal an.

Die Vorteile dieser Beziehung sehe ich grundsätzlich darin, daß ich zwar einen zuverlässigen Partner habe, ihn aber nicht jeden Tag um mich haben muß. Je länger ich ihn kenne, um so mehr merke ich, daß es viele Dinge in seiner Lebensauffassung gibt, die ich nicht nachvollziehen kann, die mich aufregen. Natürlich bin ich auch sehr an mein eigenes Leben gewöhnt, ich habe viele eigene Interessen, Hobbys, intensiven Kontakt mit meinen Töchtern.

Wollte er plötzlich zu mir ziehen, würde ich spontan sagen – um Himmels willen, nur das nicht! Denn das würde für mich bedeuten, mein Leben, meine ganze Lebenseinstellung radikal zu ändern, und das will ich nicht.

Wenn das während der ersten zwei Jahre passiert wäre, hätte ich sofort zugestimmt. Ich bin ja seinetwegen aus Baden-Württemberg gleich im ersten Jahr unserer Beziehung nach Hessen gezogen. Heute würde ich das nicht mehr tun. Er behauptet zwar heute noch, daß er lieber mit mir als mit seiner Frau leben würde, konnte sich aber nicht dazu durchringen, sie zu verlassen. Er ist ein Mensch, der sich an ein einmal gegebenes Wort gebunden fühlt.

Die Nachteile sind mir erst im Lauf der letzten Phase der Beziehung bewußt geworden. Vielleicht ändert man sich selber, vielleicht ist es das Alter, was ich fast annehme. Man hat ja mit 52 nicht dieselben Anschauungen vom Leben wie mit 25. In den ersten Jahren war ich immer voller Sehnsucht, ausgebrannt, wenn er nicht da war, verreist war mit der Familie, an Feiertagen et cetera. In den letzten zwei Jahren hat sich dieses Gefühl in Wut verwandelt, ich bin wütend auf mich selber, weil ich mich selbst in diese Situation gebracht habe. Er führt ein absolutes Doppelleben, unter dem er, wie er sagt, nicht leidet.

Unsere Beziehung ist in erster Linie von der Erotik bestimmt. Eine geistige Beziehung ist es in dem Sinne, als ich die Stärkere bin. Ich wollte sie in letzter Zeit oft endgültig beenden. Es hat Auftritte gegeben, wo ich ihm sogar eine Ohrfeige gegeben habe.

Es ist einerseits so, daß ich ihn nicht dauernd um mich haben möchte, andererseits gefällt es mir nicht, daß er woanders sozusagen gut aufgehoben ist. Es ist mir inzwischen aber bewußt geworden, daß nicht nur mein Gefühl betroffen ist, sondern inzwischen auch meine Eitelkeit und mein Stolz leiden. Ich frage mich, ob ich eine solche Beziehung nötig habe. Mein Gefühl zu ihm hat inzwischen nachgelassen.

Ich habe diesen Mann geliebt. Ich weiß nicht, ob ich es noch tue. Ich kann mir zwar nicht vorstellen, daß er nicht mehr da wäre, aber ob ich ihn liebe? Jedenfalls ist der Punkt gekommen, wo ich das Gefühl habe, es sei eine kürzere oder eine längere Übergangsphase.

Ich möchte zwar nicht, daß ein Partner dauernd bei mir lebt, aber vielleicht möchte ich eine neue Beziehung, eine neue Liebe, aber wohl wieder mit einem Mann, der anderweitig gebunden ist, weil dies für mich einen Schutz bedeutet vor der Langeweile mit einem Mann.

Inwieweit sich mein Leben auf das Verhaltensmuster meiner Tochter übertragen hat? Sicher hat sie eine gewisse Formung durch mich erfahren. Aber ich glaube grundsätzlich, daß sie im Wesen, im Charakter absolut meine Veranlagung geerbt hat. Das ist auch der Grund für unser gutes Verstehen. Wir haben beide ein ausgeprägtes Freiheitsbedürfnis und sind mit Sicherheit sehr selbständige Frauen, was aber nicht ausschließt, daß wir beide in dem Augenblick, wo es eine Gefühlssache wird, uns selbst zurückstellen und uns selbst total in eine Beziehung einbringen.

Clarissa K.:
Ich habe meinen ersten Freund kurz vor meinem 16. Geburtstag gehabt. Ich war fünf Jahre mit ihm zusammen, habe drei Jahre mit ihm gelebt. Es war keine schlechte, sondern eine ganz normale Beziehung. Irgendwann wurde sie stinklangweilig. Wir waren beide berufstätig, der ganze Haushalt hing an mir, bis es mir zuviel wurde. Hinzu kam, daß ich das Gefühl hatte, fünf Jahre an ihm vorbeigelebt zu haben. Ich wollte ihn weder heiraten noch Kinder mit ihm haben. Mit 20 dachte ich, dies könne nicht alles sein, was eine Beziehung ausmacht, im Geschäft sitzen, überlegen, was am Abend gekocht wird. Ich hatte es einfach satt.

Dann kam mein zweiter Freund, ein Pfarrerssohn, freischaffender Künstler, von dem ich glaubte, daß er schizophren sei. Er hatte das Bedürfnis, mich einmal in der Woche zu verprügeln, Tapeten und Teppiche herauszureißen. Er war absolut kaputt, war verrückt. Auf künstlerischem Gebiet war er sehr begabt. Das hatte mich auch anfangs zu ihm hingezogen. Ich war von seinen Ideen einfach fasziniert. Es war etwas ganz anderes, von der Norm Abweichendes, sehr Interessantes.

Dann kam der dritte, der verheiratete Freund. Er ist sechs Jahre älter. Die Beziehung fing bereits an, als mit dem anderen noch gar nicht Schluß war. Sie dauerte fast zwei Jahre. Er hat mich einmal im Dienst weinen sehen, hat mich getröstet, und daraus ergab sich alles weitere. Er war ein Kollege. Ab und zu kam er vorbei, wir telefonierten. Ich empfand ihn als erholsam, mußte mich um nichts kümmern, hatte ihn nicht dauern am Hals, was ohnehin nicht gutgegangen wäre. Seine Ansichten und Gewohnheiten hätte ich nicht ertragen.

Das Positive an dieser Beziehung mit einem gebundenen Mann ist die eigene Unabhängigkeit. Wenn man sich trifft, ist man gut aufgelegt und freundlich zueinander. Negative Seiten hatte diese Beziehung eigentlich nicht. Ich hatte ihn zwar gern, aber ich habe ihn nicht geliebt. Ich empfand diese Beziehung einfach als wohltuend nach der Katastrophe vorher.

Die Beziehung ging auseinander, weil er die Frechheit besaß, mich mit in den Kegelclub zu nehmen, in dem seine Frau war, und mich einfach neben seine Frau zu setzen, weil er beide dabeihaben wollte. Da habe ich überlegt, was er eigentlich für einen Charakter hat, so geschmacklos zu sein, die Freundin neben die eigene Ehefrau zu setzen. Auch nach Hause hat er mich eingeladen. Er wollte, daß ich mit seiner Frau Kontakt habe, wobei die Frau keine Ahnung von der Beziehung hatte. Ich wollte aber nicht für ihn das schlechte Gewissen haben müssen. Die Ehefrau ist eine sehr nette, sympathische Frau. Da habe ich Schluß gemacht.

Nun bin ich durch Zufall vor drei Monaten wieder an einen gebundenen Mann geraten. Er hat eine feste Freundin, wobei sich allerdings vor einigen Wochen herausstellte, daß sie ihn betrügt. Zur Zeit ist er in Urlaub, um sich zu überlegen, ob er sich von seiner Freundin trennen will.

Ich würde gerne haben, daß er seine Freundin aufgibt, zusammenziehen möchte ich allerdings nicht mit ihm. Mich stört an seiner festen Beziehung, daß ich ihn abends nie anrufen kann, wenn ich das möchte. Es paßt mir nicht, daß ich dauernd warten muß, bis er sich meldet, bis er Zeit hat und anruft. Ich würde dies gerne zuweilen von mir aus tun. Das kann ich nicht, weil ich nichts provozieren will mit seiner Freundin. Ich will ihm keine Entscheidung abnehmen. Das muß er selber tun.

Ich habe diesen Mann sehr gerne, aber eine Ehe mit ihm zu führen mit Kindern, kann ich mir nicht vorstellen. Ich bin seit zehn Jahren berufstätig und kann mir überhaupt nicht mehr vorstellen, auch nur finanziell von jemandem abhängig zu sein. Ich möchte eigentlich nicht heiraten. Es gibt so vieles, was alltäglich wird und langweilig. So kann ich mich freuen, wenn er kommt. Es gibt so viel mehr Spontaneität. Wenn er nachts um elf Uhr anruft und Zeit hat, fahre ich mit dem nächsten Zug hin und am nächsten Morgen wieder heim zur Arbeit. Seine Freundin lebt nicht mit ihm zusammen.

Mein Freiheitsbedürfnis ist zu groß für eine Ehe. Ich brauche einfach meine Wohnung für mich, meinen Platz für mich, mein Zimmer, und wenn ich nur einfach lesen möchte, kann ich es nicht haben, daß er sich im anderen Zimmer inzwischen langweilt. Ich kann und will es nicht.

Ich habe eigentlich keine Bindungsangst. Ich denke schon, daß ich mich gut arrangieren könnte. Aber ich sehe nicht ein, daß ich das, was ich jetzt habe und was mir gefällt, aufgeben soll. Ich kann tun und lassen, was ich will, bin niemandem Rechenschaft schuldig, und ich kann mir vorstellen, daß ich auch in 20 Jahren noch so leben möchte. Ich kann mir vorstellen, auch in mittleren Jahren als selbständige Frau zu leben. Ich sehe mich zwar in einer freien Bindung, zu der auf jeden Fall auch Treue gehört, mit einem Mann, aber ohne Kinder und nicht in einer gemeinsamen Wohnung.

Erika K.:
Diese Einstellung meiner Tochter ist nicht Folge ihres Lebens, sondern sie hat einfach dieselbe Veranlagung wie ich. Sie ist in so vielen Dingen ein Abbild von mir. Ich glaube einfach, daß meine Tochter unter der Freundin ihres Partners sehr leidet.

Clarissa K.:
Das stimmt, weil er der erste Mann ist, mit dem ich mich über alles unterhalten kann, mit dem ich auch viel Spaß haben kann, der nicht steif und obendrein sehr zärtlich ist, mit dem ich stundenlang schmusen kann, ohne daß etwas hinterherkommt. Wenn ich abends daheim sitze, kommt es mir natürlich in den Sinn, daß er sich zu seiner Freundin ebenso verhält.

Nun ist er mit einem Kollegen im Urlaub, seine Freundin ist ebenfalls allein im Urlaub. Beide wollen sich überlegen, ob sie sich trennen wollen oder nicht. Und ich fahre ebenfalls in Urlaub, um zu überlegen, ob es so weitergehen kann oder nicht.

Ich halte diesen Mann für meine bisher größte Liebe. Jedenfalls haben wir viel gemeinsam, und er hat manches von dem, was ich mir immer vorgestellt habe, zum Beispiel Einfühlungsvermögen.

Parallelen zu meiner Mutter gibt es auf jeden Fall. Es gibt Momente, in denen wir uns nur ansehen, in denen wir auch nicht zu erklären brauchen, was in uns vorgeht. Meine Mutter weiß es einfach. Umgekehrt ist es auch so.

Erika K.:
Ich glaube schon, daß meine Tochter auch in 20 Jahren noch allein leben könnte. Aber sie würde es nicht ganz freiwillig tun, sondern aus den gegebenen Umständen. Ich glaube, daß meine Tochter unterschwellig doch eine enge Bindung wünscht, daß bei aller Emanzipation eines Tages doch das Empfinden, das Gefühl überwiegen und sie ihm folgen wird.

Sie lebt ja in einer anderen Situation als ich. Sie ist jung. Wir sind beide sehr ehrgeizig, und ich denke, daß ihr Ehrgeiz auch eines Tages dahin gehen wird, sagen zu können, einer hat sich total für mich entschieden. Und daß dies immer in einem gewissen räumlichen Abstand realisiert werden kann, bezweifle ich.

Clarissa K.:
Eine Beziehung besteht für mich zu 80 Prozent aus Vertrauen, und ich kann ihm nicht absolut vertrauen, weil er ja noch eine andere Partnerin hat. Es ist sicher ein besseres Vertrauensverhältnis da als in früheren Beziehungen, aber ich frage mich natürlich schon, wie das weitergehen soll.

Erika K.:
Eines Tages wird sie einem Mann begegnen, bei dem sie alle ihre guten Vorsätze über Bord werfen und doch heiraten wird. Er wird sie vor die Wahl stellen, entweder zu heiraten und Kinder zu haben oder sich zu trennen.

Clarissa K.:
Ich hoffe, er fragt mich nie.

Erika K. und Clarissa K. sind rein äußerlich recht verschieden. Die Mutter eher rundlich, fraulich, herzlich, die Tochter knabenhaft, überschlank und zunächst »cool«.

Innerlich sind sie vom selben Schlag: resolut, eigenständig, dabei warmherzig. Beide haben seit Jahren gebundene Partner. Schicksal oder Wille?

Erika K. wurde von einem gewalttätigen Vater terrorisiert, heiratete folgerichtig einen »gutmütigen«, aber antriebsschwachen Alkoholiker. Heute hat sie bereits die zweite langjährige Bindung zu einem verheirateten Mann.

Weil sie vor denen sicher ist?

Ihre Haltung ist ambivalent. Einerseits will sie ihre Selbständigkeit nie mehr missen, andererseits stört es sie zunehmend, daß ihr Freund »anderswo hingehört«. Wiewohl sie ihn, wenn er käme, fortschicken würde ...

Ihre Tochter Clarissa wuchs weitgehend ohne Vater auf, erlebte ihn als unzuverlässige Randfigur.

Ist das der Grund, weshalb sie Männer bevorzugt, die gebunden und deshalb zwangsläufig unzuverlässige Randfiguren in ihrem Leben sind?

Ihre Mutter glaubt, daß Clarissa eines Tages ihre Bindungsscheu überwinden wird, »weil sie unterschwellig doch eine Bindung wünscht«.

Für Mutter und Tochter scheint es ein gemeinsames Schreckgespenst in einer Ehe zu geben: Die Langeweile ...

„Ich bin neugierig aufs Leben, experimentiere gern. Das hat noch etwas Spielerisches“

Eva R., 39, Bewegungstherapeutin, ledig

Ich heiße Eva R. und arbeite als Bewegungstherapeutin. Ich bin auf diesem Gebiet sehr engagiert. Ich bin Ende Dreißig, war nie verheiratet und habe keine Kinder.

Meine Kindheit ist geprägt durch das Leben auf dem Lande. Als ich ein halbes Jahr alt war, erkrankte meine Mutter, und ich kam zusammen mit meinem älteren Bruder zu meinen Großeltern auf einen Bauernhof in einem kleinen Dorf. Meine Eltern lebten in der Nachkriegszeit in einer feuchten Stadtwohnung, so daß sie der Meinung waren, wir seien bei den Großeltern besser aufgehoben. Beide Eltern stammen aus Bauernfamilien, lebten aber in der Großstadt und arbeiteten als Angestellte. Ich kann mich nicht daran erinnern, meine Mutter vermißt zu haben. Meine Eltern sah ich gewöhnlich am Wochenende.

Als mein älterer Bruder in die Schule kam, holten meine Eltern uns zurück in die Stadt, wo sie inzwischen in ein anderes Haus gezogen waren. Ich habe es niemals als eine Zurücksetzung oder Katastrophe empfunden, daß meine Eltern uns weggegeben hatten aufs Land, sondern als etwas ganz Normales angesehen.

Der Wechsel zurück zu den Eltern war schwierig für mich. Solange alles neu war, gefiel es mir ganz gut. Ich verstand mich sehr gut mit meinem Bruder und mit meinem Vater und bewunderte meine Mutter. Sie war irgendwie eine fremde Frau für mich. Aus dieser Anfangszeit habe ich eine sehr wohlige Erinnerung an meine Mutter, bis ich in die Schule kam. Dann begannen die Kämpfe mit ihr. Zu dieser Zeit arbeitete meine Mutter noch ganztags. Sie blieb dann bald zu Hause und arbeitete dort. Das war für mich eine schwierige

Phase. Meine Mutter ist eine sehr starke Persönlichkeit, während ich selbst überhaupt kein Kämpfertyp bin. Sie hat mich praktisch gezwungen, kämpfen zu lernen. Ich fühlte mich aus meinem eigentlichen Zuhause, dem Bauernhof, herausgerissen. Ich war nicht an diese nahe Beziehung zu einem erwachsenen Menschen gewöhnt, sondern hatte gelernt, als Kind mit den Erwachsenen »mitzulaufen«. Ich hatte – und habe – einen sehr eigenen Kopf, und das stieß natürlich auf Widerstand.

Die Ehe meiner Eltern besteht noch. Ich würde sie aber nicht als harmonisch bezeichnen. Als Kind habe ich unter dieser Ehe gelitten. Ich empfand sie als eine sehr kämpferische Beziehung. Erst heute, wo meine Eltern älter werden, sehe ich, warum das so ist, und ich sehe, daß das gut so ist. Ich habe heute eine gute Beziehung zu meiner Mutter, meinem Vater und meinen Brüdern, zu deren Frauen und Kindern.

Ich glaube nicht, daß mein Vater außereheliche Beziehungen hatte, jedenfalls weiß ich davon nichts. Meine Mutter hatte ebenfalls keine. Beide Eltern waren sehr stark aufeinander fixiert in einer starken emotionalen Bindung, im negativen wie im positiven Sinne. Es gab nicht viel Luft zum Atmen. Obwohl beide Eltern sehr verschieden sind, haben sie doch ein großes inneres Kraftpotential und respektieren sich sehr. Ich habe lange gebraucht, um zu sehen, wo die Verbindung zwischen den beiden ist. Als Kind habe ich sie hauptsächlich als Kampfparteien erlebt. Heute sehe ich die Verbindung darin, daß sie sich immer auf einer hohen Energiestufe halten, indem sie dauernd kämpfen. Ich denke, daß meine Eltern sich lieben. Ich selbst würde eine Beziehung wie die meiner Eltern nicht haben wollen.

Wir hatten sehr glückliche Zeiten in der Familie. Wir hatten immer viele Leute im Haus, Verwandte und Freunde. Mein Bruder hatte zum Beispiel einmal eine Amateurband, die im Haus übte und das ganze Wochenende bei uns war. Einer aus der Band war mein erster Freund, wobei dies keine sexuelle, sondern eine rein romantische Beziehung gewesen ist. Sie war sehr, sehr schön. Daß ich diese Beziehung im Alter von 16 Jahren abbrach, lag daran, daß ich einfach neugierig war, was es denn in der Welt noch gibt. Die Beziehung war so harmonisch, daß ich eigentlich befürchtete, das nächste würde sein, zu heiraten und Kinder zu bekommen. Das erschien mir zu früh.

Erwähnen möchte ich noch, daß während meiner ganzen Problemzeit von der Pubertät an immer wieder Krisen auftraten. »Krise« bedeutet für mich eine Phase im Leben, in der ich mich selbst wie in einem Dämmerzustand empfinde, ein Unterwassergefühl habe, eine Zeit, in der ich sehr schwer Kontakt zu anderen Menschen – außer zu nahestehenden – finde, wo ich gefangen bin in einem Problem, das ich nicht immer genau benennen kann. Aber ich weiß, daß ich in einer Krise stecke, die sich dann irgendwann auflöst. Ich bin in meinem Leben sehr verschieden mit solchen Krisen umgegangen und würde sie vielleicht auch als Entwicklungskrisen bezeichnen. Immer wenn eine Krise vorüber war, war ich einen Schritt weiter. Zum erstenmal geschah dies, als ich neun bis zehn Jahre alt war und meine Mutter ganz nach Hause kam. Später, mit zwölf bis dreizehn Jahren gab es wieder eine Krise, als mein Bruder auf die Welt kam und ich dann die erste Periode bekam. Dazu kam die Lernkrise während dieser Zeit.

Als ich achtzehn war, begann ich mich für Soul-Music zu interessieren. Ich war sehr engagiert in der katholischen Jugend, aber meine Eltern waren selbst darauf eifersüchtig und verstanden es nicht.

Es folgte eine Phase der Einsamkeit. Intime Kontakte mit Männern hatte ich relativ spät – mit neunzehn –, einfach weil ich wissen wollte, wie es ist. Also habe ich mir einen meiner Verehrer »geschnappt«, um es zu probieren. Es war natürlich überhaupt nicht das, was ich gemeint hatte.

Mit 21 habe ich mein Elternhaus verlassen, was ich ohne die Beziehung zu Thomas nicht geschafft hätte. Er war es, der mir geholfen hat, dort herauszukommen. Ich lernte ihn in einer Jazzkneipe kennen. Er war Musiker. Er löste mich aus dem Elternhaus und war meine erste große Liebe. Ich zog aus und zu ihm. Er hatte als Jazzmusiker für ein halbes Jahr einen Job im Ausland, und ich ging mit ihm.

Dort arbeitete ich nicht. Den Lebensunterhalt verdiente Thomas. Die Idee, eine Familie zu gründen, kam uns beiden am Anfang nie. Wir waren beide gegen die Ehe.

Zunächst war ich sehr kühl, weil ich dachte, ich weiß sowieso alles und mich wird niemals irgend etwas auch nur bewegen. Es war eine gute Zeit, aber ich erkannte bald, daß Thomas drogenabhängig war. Ich war selbst drogeninteressiert, dachte aber, dies sei eine Phase, die vorübergehe. Ich wußte zunächst nicht, daß er »dran« war, aufputschende Sachen nahm. Er ist in diese Sache hineingerutscht durch Freunde. Als ich dies bemerkte, empfand ich es als einen Schock, der allerdings bewirkte, daß ich ihn zu retten beschloß. Ich dachte, endlich habe ich eine Motivation in meinem Leben, die mir bisher fehlte. Die Beziehung dauerte acht Jahre.

Warum die Beziehung scheiterte, kann ich auch heute nur schwer beantworten. Er hat halt während der ganzen Zeit noch eine andere Freundin neben mir gehabt. Dies habe ich akzeptiert, manchmal wohlwollend, manchmal verletzt, aggressiv. Ich war so etwas wie seine Ehefrau, wußte aber, er hat eine Freundin, die er immer wieder traf. Ich habe dies deshalb akzeptiert, weil er mir das Gefühl gegeben hat, daß ich für ihn die wichtigste Person in seinem Leben sei. Die anderen waren so etwas wie ein Schwäche, wobei ich mich als die empfand, die dazu da war, seine Schwächen in Stärken umzuwandeln. Ich hatte mir selbst eine Aufgabe gestellt, die mich ziemlich aufgebaut hat. Ich bin ein Mensch, der eine Aufgabe braucht. Obendrein hatte ich meinen Beruf.

Also die erste enge, symbiotische Beziehung hatte ich mit 21 Jahren zu Thomas. Im Extrem habe ich sicher die Symbiose meiner Eltern mit diesem Mann nachgespielt. In dieser überhitzten Atmosphäre kam es auch zu Gewalttätigkeiten, vermutlich bedingt durch die Isolation, in der wir gelebt haben. Während ich noch meinen Beruf hatte, in dem ich acht Stunden am Tag mit anderen Menschen Kontakt hatte, hatte Thomas in den ersten Jahren fast überhaupt keinen Kontakt zu Menschen, war total isoliert, mit Ausnahme der anderen Frauen, die die einzige Verbindung zur Außenwelt für ihn darstellten. Er hat natürlich auch gesehen, wie er mein Leben beeinflußt, und es war ihm sehr unangenehm, daß ich das meiste Geld nach Hause brachte. Diese Situation bestand aber einfach. Sicher gab es dadurch auch sehr viel Aggression in seinem Innern. Ich war so symbiotisch, ich habe dies oft aufgefangen oder war auch selber fertig. Wenn ich mir heute vorstelle, was ich in diesen acht Jahren meines Lebens geleistet habe, ist es für mich unglaublich. Ich kann mir nicht vorstellen, dies jemals wieder tun zu können. Thomas lebt heute hier in der Nähe, alleine, ich habe weiter Kontakt mit ihm, wir verstehen uns ganz gut, sehen uns ab und zu, und er hat jetzt einen anderen Beruf gefunden. Er ist weg von den Drogen, was nicht einfach für ihn gewesen ist. Ein Zurück zu ihm gibt es für mich nicht. Die Beziehung zu ihm war erotisch sehr intensiv, und ich habe die Höhen und Tiefen einer Beziehung wirklich voll ausgeschöpft mit diesem Mann.

Die Trennung von Thomas war schrecklich für mich. Dazu muß ich allerdings sagen, daß ich mich im letzten Jahr vor der Trennung selber in jemand anderen verliebte und daß er in eine andere Partnerin verliebt war. Trotzdem war es schwer, weil wir beide das Gefühl hatten, keiner könne ohne den anderen leben. Er hat schließlich die Trennung vollzogen. Er hat sie durchgesetzt mit Hilfe der neuen Partnerin, mit der er dann wieder dieselbe Symbiose zu leben versucht hat wie mit mir. Er hat mit dieser Frau drei Jahre gelebt, aber sie nicht geheiratet. Sie war älter und reifer und konnte sich besser abgrenzen als ich. Er hat sehr viel von ihr gelernt. Unter der Trennung habe ich sehr stark gelitten, besonders weil ich ja sehr experimentierfreudig war in der ganzen Beziehung mit ihm und wir ein Jahr lang mit seiner Freundin eine Beziehung zu dritt gehabt haben. Das war am Anfang sehr spannend, interessant und schön, aber ich fand eben dann heraus, daß ich in dieser Dreierbeziehung überhaupt keine Chancen hatte. Die Bindung der beiden anderen war zu stark.

Nach dieser Erfahrung mit Thomas brauchte ich erst einmal Ruhe, Luftholen, Frieden und Alleinsein. Diese Phase dauerte ein halbes Jahr, in dem ich total allein war und Trauerarbeit leistete. Meine Arbeit verrichtete ich in einer Art Trancezustand. Dann lernte ich einen anderen Mann kennen, von dem ich eigentlich dachte, »das ist ER«. Dieses Gefühl besteht heute noch. Aber mit ihm wurde es nichts, weil er eine Frau und ein Kind hatte, bei denen er bleiben wollte. Er wohnte auch nicht hier in meiner Stadt. Ich merkte, daß nichts Festes aus der Beziehung werden konnte. Außerdem lernte ich dann beim Tanzen meinen jetzigen Freund kennen, der damals noch unverheiratet, allein und ähnlich verletzt war, ähnlich eigenbrötlerisch wie ich. Er ist älter als ich und trank ziemlich viel. Wir verstanden uns ganz gut, obwohl wir geistig nicht gut harmonierten. Er ist ein sehr einfacher Mensch. Zunächst war es eine rein sexuelle Beziehung. Aber nach wie vor zieht mich am meisten an ihm dieses Basisgefühl der Menschheit an, das man Liebe nennen kann. Er ist sehr zärtlich, sehr spielerisch und hat viel Kraft. Er hat einfach diese Mischung, von der ich glaube, daß sie auch bei mir vorhanden ist: Kraft und Zartheit. Hier habe ich das Gefühl, daß wir sehr harmonieren.

Er wollte mich heiraten, und ich habe dies abgelehnt. Ein Grund war, daß er trinkt, ziemlich viel sogar. Nachdem ich das Problem schon einmal mit Drogen mitgemacht hatte, war eine Heirat überhaupt kein Thema für mich. Als er immer massiver wurde – heiraten, zusammenziehen, Schlüssel haben et cetera von meinem »Refugium«, meiner Wohnung –, habe ich ganz klar abgelehnt. Er gab nicht viel auf meine Ablehnung, bis ich schließlich auch massiv wurde und sagte, es sei aus mit uns, es gehe nicht mehr.

Ich habe festgestellt, daß ich mich ihm gegenüber so verhalte wie meine Mutter meinem Vater gegenüber. Er hat für mich eine starke Ähnlichkeit mit meinem Vater, nicht äußerlich, aber in seinem Verhalten, und ich habe damals schon intuitiv gemerkt, daß ich anfing, mit ihm herumzustreiten, ihm vorzuwerfen, was er alles nicht kann. Ich wollte ihn ändern. Irgendwann wurde mir klar, daß ich dieses Verhalten ja von zu Hause kenne, daß ich dies alles 21 Jahre zu Hause erlebt habe, daß ich es auf keinen Fall für mich möchte. Ich wollte nicht in diese Verhaltensmuster verfallen. Da machte ich Schluß.

Es gab eine längere Pause in unserer Beziehung, in der er eine andere, sehr viel jüngere Frau kennenlernte, die sehr bodenständig und auch so einfach ist wie er, die aber auch Kraft und Gefühl hat. Sie heiratete er. Ich denke, daß sie sehr gut zu ihm paßt. Als ich ihn vor einigen Jahren wiedertraf, hatte er bereits ein Kind von einem Jahr. Ich fand es toll, daß er verheiratet ist. Damit fiel für mich der Druck weg. Ich sagte auch, daß ich es ganz prima fände, weil ich nun nicht mehr mit ihm kämpfen müsse, ob er einen Schlüssel zu meiner Wohnung bekommt oder nicht.

Ich habe genau gesehen, daß Knut als Liebhaber jetzt in mein

Leben paßt – in der sexuellen Harmonie und in dieser liebevollen Art, die ein bißchen mit einer harten Schale umgeben ist, in seiner spielerischen Art. Außerdem weiß er als Mann genau, was er will. Auf dieser Basis treffen wir uns, und ich spüre eine sehr tiefe Verbindung mit ihm, die vielleicht auch symbiotisch ist.

Weil wir aber so leben wie jetzt, habe ich die Chance, wirklich bei meinem Leben bleiben zu können. Wenn ich mit diesem Mann leben würde, würde ich untergehen, während ich so bei meinem Leben bleiben kann, mich entwickeln, meine beruflichen Pläne weiterverfolgen und hier mein Zuhause, mein »Refugium« behalten kann. Ich habe immer mal wieder Abgrenzungsprobleme mit ihm, aber es geht sehr gut, natürlich auch deshalb, weil er selbst eine Familie hat.

Unsere Treffen diktiere ich natürlich mit. Ich habe mir immer gewünscht, nach meinem weiblichen Rhythmus zu leben, sexuelle Pausen zu machen. Ganz nach Lust kann ich allerdings nicht leben, weil ich keine Pille mehr nehme. Das geht mit diesem Mann sehr gut. Ich sage ihm einfach, ich habe eine Antibabypause, dann gibt es noch die Periodenpause, und so habe ich immer einen Zeitraum, der ganz allein mir gehört und den ich sehr genieße. Ich kann genau meinen Rhythmus leben. Es gibt zwar Phasen, in denen er das nicht akzeptieren will, weil ich mir eben eine Sicherheitspause von acht bis zehn Tagen einräume, aber in der übrigen Zeit sehen wir uns häufig, etwa zwei- bis dreimal in der Woche. Er wohnt in meiner Stadt und kommt dann zu mir.

Unsere Beziehung hat sich durch seine Ehe für mich sehr positiv verändert, weil ich nicht mehr unter Druck stehe. Für mich habe ich so die ideale Lösung gefunden. Ich kann mein Leben entwickeln, und keiner hindert mich ernsthaft daran. Seine Frau weiß nichts von unserer Beziehung.

Es ist allerdings nicht so, daß ich nicht doch gerne einmal wieder eine ganze Beziehung hätte, nachdem ich dies nun alles erlebt habe und kenne. Ich denke, daß ich langsam für eine solche Beziehung wieder reif wäre und steuere auch darauf hin. Die jetzige Zeit habe ich genossen, und ich denke, daß ich im Moment nicht anders leben sollte. Ich empfinde mein jetziges Leben aber durchaus nicht als Übergangsphase, sondern als eine wirkliche Phase meines Lebens, die ich voll akzeptiere und gut finde. Ich habe ein schönes Leben, aber ich denke, daß sich einiges in meinem Leben ändern wird.

Dann, denke ich, bin ich wieder bereit für eine ganz andere Bindung, die durchaus auch ein Kind einschließen könnte. Der Kinderwunsch verstärkt sich, nachdem ich nun langsam in die Jahre komme, wo es bald nicht mehr geht. Es wird einfach der Wunsch stärker nach einer ganzen Beziehung, nach einem Kind, das Bedürfnis, auch einmal loslassen zu können, mich in einer Aufgabe zu bewähren, mich gelegentlich einmal anlehnen zu können, jemanden zu haben, wo ich mich einmal gehenlassen kann.

Geborgenheit fehlt mir nicht so sehr. Ich habe sie bei meinen wenigen guten Freunden, besonders bei einer Frau, die ich seit meiner Schulzeit kenne und mit der ich eine ganz tiefe Beziehung habe. Ich habe auch einige Männerbeziehungen, die reine Freundschaften sind. In bezug auf Freundschaften bin ich sehr gut dran.

Ich habe zwar gewisse Sehnsüchte danach, in absehbarer Zeit zu heiraten und eine Familie zu haben, aber die Vorstellung allein hat – zumindest noch vor einem Jahr – Wogen der Panik in mir erzeugt, daß ich nur dachte, »um Gottes willen«, nur nicht die berühmten zwei Seelen in der Brust. Ich bin halt extrem. Auf der einen Seite bin ich ganz frei und dann wieder große Dichte.

Natürlich habe ich dadurch, daß mein Freund verheiratet ist, auch dunkle Stunden, da wir keinerlei gemeinsame soziale Kontakte haben. Wir gehen nicht zusammen aus und haben keine gemeinsamen Freunde. Das stört mich zwar nicht besonders, aber so strikt dabei zu bleiben ist manchmal schwer. Hin und wieder denke ich mir, wenn ich zu meiner Freundin gehe und ich dann allein unter drei Paaren bin, daß ich auch gern mit ihm dorthin ginge, noch dazu, wo er die ein bißchen kennt und sie auch wissen, daß er verheiratet ist. Da fehlt er mir dann schon. Er würde auch mitkommen, aber ich will das grundsätzlich nicht – es liegt auf derselben Ebene wie die Sache mit dem Schlüssel.

Für ihn ist es auch hart, unsere Beziehung vor seiner Frau verheimlichen zu müssen. Mich würde es nicht stören, wenn seine Frau es wüßte. Seit ich allein bin, habe ich ganz bewußt die Rolle der Geliebten gespielt, nachdem ich acht Jahre lang praktisch die Ehefrau gewesen bin. Jetzt lerne ich die andere Seite mit ihren Vor- und

Nachteilen kennen. Natürlich hat es auch etwas mit Neugier aufs Leben zu tun. Ich wollte einfach wissen, wie das ist, ich wollte wissen, wie schaffen das die Frauen, mir meinen Mann wegzunehmen oder zumindest seine Aufmerksamkeit zu erregen.

Ich finde beide Seiten sehr interessant, da ich gerne experimentiere, und dies hat einfach etwas Spielerisches.

Zu meinem augenblicklichen Leben paßt die Beziehung zu Knut wie das Tüpferl auf das i. Warum das so ist? Ich habe noch nie so eine Sicherheit gespürt wie bei ihm, und diese Sicherheit, von der ich selbst nicht genau weiß, woher sie kommt, ist das Gefühl, es ist egal, was im Leben passiert, ich werde mich immer total auf diesen Menschen verlassen können – bis ins hohe Alter.

Ob das sexuell so bleibt wie jetzt, weiß ich nicht, aber er ist ein Mensch, mit dem ich eine Beziehung auf die eine oder andere Art bis zu meinem Lebensende behalten möchte, obwohl ich denke, daß mir eine solche Teilbeziehung in absehbarer Zeit nicht mehr genügen wird. Aber das war mir von Anfang an klar.

Es ist eine Wiederholung meiner Vaterbeziehung: Auch er hatte für bestimmte Dinge einfach kein Verständnis. Er war zu altmodisch, so daß ich über bestimmte Sachen nicht mit ihm reden konnte, weil er zuviel Angst hatte um die Tochter. Bei meinem jetzigen Freund ist es so, daß er gewisse Dinge auch nicht versteht, weil er aus einem sehr konservativen Milieu kommt und ein sehr einfacher Mensch ist.

Bei meinem ersten Freund beruhte die Beziehung auf seiner starken Persönlichkeit, so daß ich jetzt im nachhinein denke, er hat mir nacheinander meine ganze Familie vorgespielt. Er hatte ein Potential in sich, daß er mir die einzelnen Figuren vorgespielt hat, wie ich es gerade haben wollte.

In meiner jetzigen Beziehung zu Knut überwiegen für mich die Vorteile bei weitem: Wenn wir uns treffen, zusammen sind, gehören wir uns. Ich kann mich bei ihm fallenlassen, Nonsens reden, fröhlich sein oder ihm auch erzählen, was mit mir los ist. Geht er dann wieder, fühle ich diese ruhige, selbstverständliche Liebe zum Leben. Wenn ich alleine bin, gehe ich meinen geistigen Interessen nach, arbeite, treffe mich mit Freunden und leiste mir zwischendurch mal eine kurze Leidenschaft.

Eine richtig altmodische Ehe mit Familie, Kind et cetera kann ich mir trotz allem nicht vorstellen – trotz meiner Sehnsucht. Die Panik überwiegt. Vermutlich ist es die Erfahrung als Kind, das in Freiheit dressierte Wesen, das durch Wälder und Wiesen streift, bis plötzlich dieser Intensivclinch im Elternhaus in der Stadt mit einer dominierenden Mutter eintrat.

Ich glaube schon, daß ich diesen intensiven Widerspruch irgendwann auflösen kann. Ich denke einfach, daß ich durch die Beschäftigung mit diesem Problem vielleicht einmal zu einer Lösung gelange. Als ich noch jünger war, wußte ich überhaupt nicht, was mit mir passiert, warum ich einmal in diesem, einmal in einem anderen Extrem war. Ich habe mich oft nicht ausgekannt. Jetzt weiß ich es, was aber nicht heißt, daß ich nicht immer wieder in solche Momente hineinrutsche, in denen ich wirklich krisele.

Veränderungen in meinem Leben kommen von innen. Ich bin jetzt so zufrieden mit meinem Leben, wie ich es mir eingerichtet habe. Ich habe mir den Wunsch erfüllt, wirklich eine selbständige Frau zu sein, die auftreten kann, die etwas schaffen kann, wenn sie will, die auch wieder loslassen und ganz normal sein kann.

Wenn ich diese Zufriedenheit spüre, es geschafft zu haben, mir mein Leben so einzurichten, wie ich es mir gewünscht habe, dann wächst aus dieser Zufriedenheit so ganz zart eine gewisse Unzufriedenheit, Ungeduld, und das ist mein Motor, etwas in meinem Leben zu ändern.

Und dieses Wachsen findet im Moment statt – vielleicht so, wie eine andere Frau eine Schwangerschaft empfindet. Es tut sich etwas in mir, es verändert sich etwas ganz tief in mir drinnen. Ich bin eine Tagträumerin, im Halbwachzustand träume ich zuweilen, und dies ist für mich ein Zeichen, daß sich eine Veränderung anbahnt. In letzter Zeit habe ich viele solche Gefühlsträume gehabt. An sich bin ich sehr visuell.

Trotzdem bleibt es so, daß dieser verheiratete Mann in meiner jetzigen Lebensphase für mich ideal ist. Er hält mir den Rücken frei, er gibt mir Zeit für mich und für das, was ich gerne mache. Überhaupt kann *ich* leben, denn ich konnte früher ja mein Ego nicht leben. Dies existierte in meiner Symbiose mit Thomas nicht. Ich habe früher kaum existiert. Ich möchte nicht sagen, daß ich mich in dieser Beziehung von der vorherigen erholen kann. Ich habe mit Thomas das eine Extrem gelebt, jetzt lebe ich das andere. Nun bin ich gespannt, was herauskommt...

Eva R. ist noch der Hauch eines Blumenkindes zu eigen. Die Wuschelhaare, die Bluse, der wache, irgendwie erwartungsvolle Gesichtsausdruck. Es gibt Tee beim ersten Interview. Im Grunde lebt sie ihr Leben »spielerisch«, will alles erfahren. Beruflich und privat. Das geht bei ihr ineinander über. Symbiotische Beziehungen wie zu ihrem drogenabhängigen Exfreund, Dreierbeziehungen und nun, seit Jahren, die Lebensform der Geliebten.

Acht Jahre lebte sie mit ihrem ersten Freund die Symbiose der Eltern nach. Jetzt will sie Abstand, Luft zum Atmen, sich in Ruhe entfalten: »Ich kann mein Leben in Ruhe entwickeln, und keiner hindert mich ernsthaft daran.« Ihr Freund ist gebunden, kann sie, muß sie freilassen. Aber diese Phase des Ausprobierens neigt sich ihrem Ende zu, das spürt Eva R.

„Ich habe die Zeit der Bindung gehabt, und jetzt will ich die Distanz“

Claudia R., 60, Dipl.-Ing., verwitwet

Mein Name ist Claudia R. Ich bin von Beruf Dipl.-Ing., habe eine Eigentumswohnung in Stuttgarter Bestlage, eine eigene Ferienwohnung in Südtirol, führe also zweifellos ein Leben, in dem es mir nicht schlechtgeht. Ich reise viel, bin etwa zwei Drittel des Jahres unterwegs. Ich bin 60 Jahre alt, wobei mein biologisches Alter sicher niedriger ist.

Ich bin in Bremen geboren, aufgewachsen und zur Schule gegangen. Ich habe einen Bruder, der jünger ist und heute ebenfalls hier lebt. Mein Vater war Flugzeugingenieur.

Die Ehe meiner Eltern war, soweit ich das beurteilen kann, sehr harmonisch. Mein Vater war Antifaschist, war in seiner Jugend sogar Idealist/Kommunist und während seiner Studienjahre organisiert. Er wurde verfolgt, gegen Ende des Krieges gefaßt, verurteilt und hingerichtet. Das ist ein sehr, sehr trauriges Erlebnis meiner Kindheit. Ich war 16 Jahre alt, als mein Vater starb. Ich hing sehr an ihm, er war ein phantastischer Mensch, sehr musisch, der zu seiner Sache stand. Meine Mutter, meine Großmutter und ich waren bei der Verhandlung dabei, weil wir das mußten. Es war ein großer Einschnitt in meinem Leben, besonders weil ich sicher mehr an meinem Vater hing als an meiner Mutter.

Meine Eltern hatten sich als erstgeborenes Kind eigentlich einen Jungen gewünscht. Mein Vater war mit Leib und Seele Techniker und hatte den Wunsch, daß auch ich Technikerin würde. Eigentlich hätte ich Malerin werden wollen. Die Bilder, die in meiner Wohnung hängen, stammen alle von mir. Aber daraus wurde nichts. Ich bin dem Vermächtnis meines Vaters gefolgt und wurde Architektin.

Ich blieb in Bremen, bekam dort meine Ausbildung und habe ganz jung, direkt nach meiner Ausbildung, geheiratet.

Mit meinem ersten Mann, der aus Preßburg stammte und in einer hohen Regierungsstelle der Alliierten saß, ging ich zunächst nach Westdeutschland und später nach Frankreich, wohin er emigrierte. Er war ein sehr väterlicher Mensch, und ich suchte in ihm sicher meinen Vater. Er war so alt wie mein Vater. Das war wohl der Grund für meine frühe Heirat. Die Ehe war sehr harmonisch.

Mein Mann war aus politischen Gründen emigiert. Er hätte 1948 beim Umschwung in der Tschechoslowakei demissionieren müssen, ging aber den anderen Weg – in die Freiheit. Er setzte sich ab in den Westen, anstatt befehlsgemäß nach Prag zurückzukehren.

Diese Ehe dauerte zehn Jahre. Sie ist insofern nicht gescheitert, als wir bis zum Tode meines Mannes 1974 ein sehr gutes, freundschaftliches Verhältnis bewahrten. Aber wir trennten uns, weil sich der Altersunterschied doch bemerkbar machte. Ich begann – ebenso wie er – darunter zu leiden. Wir trennten uns in Güte und Freundschaft. Sowohl mein Mann als auch ich haben später wieder geheiratet. Wir behielten aber immer einen freundschaftlichen Kontakt, ich sprach seine Sprache, und es war uns beiden ein Bedürfnis, den Kontakt aufrechtzuerhalten.

Ich bin fünf Jahre in Frankreich gewesen, später zwei Jahre in Norwegen, um dort zu arbeiten. Mit der Hausfrauenrolle wäre ich auf Dauer auch nicht zufrieden gewesen, sie lag mir absolut nicht. Ich hatte keine Kinder, obwohl ich sie mir gewünscht hätte. Vielleicht wäre ich sogar eine gute Mutter geworden. Aber ich bekam leider keine.

1961 habe ich zum zweitenmal geheiratet, einen Juristen. Mein zweiter Mann war zwölf Jahre älter. Er wirkte aber durch seine Art, durch sein Wesen und seine Mentalität sehr viel jünger. Diese zwölf Jahre waren also zunächst nicht gravierend.

Beide Male habe ich geheiratet und den Weg in die Geborgenheit gesucht. Erst seit dem Tod meines zweiten Mannes habe ich mein Leben radikal geändert. Der Tod meines zweiten Mannes traf mich sehr hart. Ich war absolut aus dem Gleichgewicht. Ich war mit meinem zweiten Mann 19 Jahre verheiratet, als er plötzlich und völlig unerwartet starb. In dieser Zeit war ich immer berufstätig. Ich hatte einen harten Job, hatte meine Ehe, wir hatten zwei Wohnungen, eine an einem oberbayerischen See, die andere in Stuttgart. Am Wochenende kamen wir beide nach Hause, pendelten hin und her. Das war zwar anstrengend, aber trotzdem sehr interessant.

Seitensprünge hat es nicht bei mir, aber von seiten meines zweiten Mannes gegeben, was besonders am Anfang meiner Ehe sehr schwer für mich war. Aber ich hatte eben nur die Wahl: Entweder ich komme darüber hinweg, lebe damit und warte, bis er es beendet, oder ich muß gehen. Das wollte ich nicht. Er wurde mit der Zeit ruhiger, und es waren immer leichte Affären, die nicht an meine Substanz gingen. Ich mußte damit leben und konnte es auch. Dabei hat mir natürlich mein Beruf sehr geholfen. Am Anfang war es überhaupt nicht leicht, dies zu verarbeiten, weil ich selber noch nicht reif genug war, aber endlich habe ich es geschafft.

Und dann war mein Mann der beste Mann, den man sich vorstellen kann. In den letzten Jahren unserer Ehe war ich sehr stark auf ihn fixiert. Wir waren sehr miteinander verbunden und hatten eine sehr harmonische Ehe.

Sein Tod hat mich völlig aus dem Gleis geworfen. Wir waren so aneinandergewachsen und ergänzten uns menschlich so gut, und ich verlor ihn von einer Sekunde auf die andere. Er starb den Herztod, fiel also um und war tot. Ich fand ihn in der Küche, auf dem Gesicht, und das war für mich ein fürchterlicher Schock. In den ersten Wochen lebte ich nur von Spritzen und ganz starken Tranquilizern, die mir vom Arzt verordnet wurden. Ich wußte nicht mehr, wie es weitergehen sollte und war tief depressiv. Ich konnte nicht mehr arbeiten, war völlig haltlos und sah überhaupt keinen Sinn mehr im Weiterleben, dachte sogar an Selbstmord. Ich habe es jedoch nicht getan, weil mich eine innere Kraft davon abhielt. Der Erfolg in meinem Beruf hat mich schließlich wieder stabilisiert.

Ich hatte mit meinem Leben als Frau zu dieser Zeit völlig abgeschlossen. Ich dachte an meinen Mann, obwohl es mit ihm in den letzten Jahren unserer Ehe keine erotische oder sexuelle Beziehung mehr gab. Er lebte ja sehr intensiv, lebte sich sehr aus, und es wurde immer weniger mit unseren sexuellen Kontakten, er wurde impotent. Darunter litt er aber sicher mehr als ich, wenngleich es auch für mich wenig schön war. Aber wir verstanden uns so gut, daß dieses

Manko irgendwie aufgehoben wurde. Ich habe nie einen Seitensprung gemacht, obwohl mein Mann öfter zu mir sagte, daß er wisse, ich quälte mich und litt unter diesem Zustand. Er hat es mir freigestellt unter der Voraussetzung, daß er nicht leiden müsse. Ich habe es aber nicht getan. Dadurch, daß ich bereits enthaltsam gelebt hatte in den letzten Jahren meiner Ehe, lag mir der Gedanke überhaupt fern, mir wieder einen anderen Partner zu suchen.

Meinen ersten Freund kannte ich bereits seit 20 Jahren. Er war Geschäftsmann und belieferte uns im Laufe meiner Ehe mit allem aus seiner Branche. Eines Tages ging wieder etwas kaputt, und ich rief ihn. Bei der Gelegenheit sagte ich ihm, daß ich Witwe geworden sei. Er sprach mir sein Beileid aus und schickte jemanden vorbei. Das Teil wurde repariert, und als ich die Rechnung begleichen wollte, sagte man mir, daß dies nicht notwendig sei. Er komme selber vorbei.

Er kam am nächsten Tag, und ich merkte aus seinen Erzählungen, daß er getrennt lebte. Er hatte seiner Frau vor vielen Jahren eine Wohnung gekauft und lebte nicht mehr mit ihr zusammen. Er war interessiert an einer Bekanntschaft mit mir, weil er mich schon lange verehrte. Und aus dieser Bekanntschaft wurde eine Liebe. Sie dauerte zwei Jahre. Es war eine wunderschöne Zeit, und ich wurde wieder die, die ich früher einmal war, obwohl ich damit überhaupt nicht mehr gerechnet hatte. Es ergab sich einfach, und ich war sehr, sehr glücklich.

Die Beziehung endete in einer Freundschaft. Ich lege grundsätzlich großen Wert auf Freundschaften mit Männern. Sie geben mir ungewöhnlich viel. Er wollte, daß ich in seinem Geschäft mitarbeitete. Ich weigerte mich, nicht weil ich es mir nicht zutraute, sondern weil ich nicht wollte. Wir trennten uns also im August vor zwei Jahren im guten, wenn auch nicht ohne Schmerzen auf beiden Seiten, und sind weiterhin befreundet. Er war zwar ein Mann, der seine Freiheit über alles liebte, aber auf der anderen Seite auch seine Versorgung suchte, während ich keinerlei Ambitionen hatte, mich noch einmal derart an einen Mann zu binden. Ich wollte zwar die Beziehung mit ihm, ich wollte als Frau leben, aber ich wollte nicht abhängig sein. Wir hatten das zwar von Anfang an auch so vereinbart – er selber hat eine wunderschöne Wohnung in einem anderen

Stadtteil. Er braucht eigentlich keine feste Partnerin, allerdings schon mal jemand, der für ihn kocht und nach dem Rechten schaut. Aber zunächst wollte er auch nicht, daß ich zu ihm zöge.

Das änderte sich aber nach zwei Jahren. Er stellte fest, es wäre besser, eine feste Partnerin zu haben, die mal im Büro mitarbeitet und aushilft. Er wollte jedoch aus finanziellen Gründen verheiratet bleiben. Es gibt viel Eigentum, und bei einer Scheidung wäre eben sehr viel verlorengegangen. Er wollte also eine Partnerin, die zwar mit ihm zusammen wohnt, mit der er aber nicht verheiratet ist.

Ich wollte dies grundsätzlich nicht, verheiratet oder nicht. Ich wollte mein eigenes Leben führen, zwar eine Beziehung haben, aber meine Freiheit behalten, ganz im Gegensatz zu meinen jüngeren Jahren, wo ich mich ja immer wieder in die Abhängigkeit der Ehe begeben hatte.

In den letzten Jahren habe ich mich sehr geändert. Etwas ist mir fremd geworden, ich lehne es heute ab. Und das ist das Besitzdenken. Ich lehne es ab, daß jemand sagt: Du gehörst mir. Du hast nur für mich dazusein. Ich will mich nicht mehr anpassen, sondern will tun, was ich für richtig halte. Ich bin sehr egoistisch geworden und habe festgestellt, daß es eine wunderschöne Sache ist, zwar für einen Menschen dazusein, mit ihm zusammenzusein, auch wenn er mich braucht, aber im Grunde möchte ich doch lieber allein leben.

Es wäre allerdings nicht die Form des Lebens für mich in meinen jüngeren Jahren gewesen. Vielmehr hat sich die heutige Auffassung aus meinem früheren Leben ergeben. Ich habe die Zeit der Bindung hinter mich gebracht, und jetzt will ich die Distanz. Ich habe sehr bewußt diese Form des Lebens gewählt, wobei ich natürlich nicht weiß, ob es nicht noch einmal eine andere Form geben könnte. Aber im Augenblick ist es so, wie es ist.

Meine jetzige Beziehung mit Ludwig läuft seit zwei Jahren. Dieser Mann ist zum zweitenmal verheiratet und wesentlich jünger als ich. Nun, wo ich älter werde, werden offenbar die Männer jünger. Ludwig ist acht Jahre jünger als ich. Ich traf ihn zufällig beim Bergsteigen, er lebt in Südtirol, ist höherer Beamter, und wir treffen uns, wenn ich in meiner Ferienwohnung bin.

Es gibt Zeiten, wo wir uns jeden Tag sehen – zum Beispiel war ich kürzlich 14 Tage in meiner Wohnung dort, da kam er in seiner freien

Zeit zu mir. Er kann seinen Dienst nach eigenem Ermessen einteilen, hat viel freie Zeit. Seine Frau weiß von unserer Beziehung. Sie hat monatelang um sich geschlagen, sich dagegen aufgelehnt. Allerdings hat sie es erst im zweiten Jahr gemerkt. Im ersten Jahr hat sie wohl etwas vermutet, aber sie hat es nicht gewußt. Dadurch daß sich die Geschichte nun allerdings so offen abspielte und wir des öfteren von anderen gesehen wurden, wurde es ihr hinterbracht. Es gab sehr unangenehme Szenen.

Als ich erfuhr, daß seine Frau informiert war, wollte ich mich von ihm trennen, weil ich im Grunde gegen eine Beziehung bin, die einer anderen Frau soviel Schmerz verursacht. Ich habe mehrmals versucht, diese Trennung durchzuführen. Ich wollte mich zurückziehen und diese Affäre beenden. Es gelang mir aber nicht, weil meine Gefühle zu stark sind. Allerdings stand des öfteren zur Debatte, daß er sich von seiner Frau trennen würde.

Das war natürlich etwas, womit ich absolut nicht gerechnet hatte, was auch gar nicht in meinem Sinn war. Eine Entwicklung dieser Art wollte ich überhaupt nicht. Ich wollte nur eine harmonische Beziehung sexueller Art, eine Liebesbeziehung und mehr nicht. Ich wollte eine intensivere Bindung, aber keine eheähnliche Beziehung. Und ebendas wollte er ganz ernstlich.

Ich habe Ludwig in vielen Gesprächen und mit gutem Zureden davon überzeugt, daß dies nicht gehe. Ich habe ihm gesagt, daß wir ja eigentlich menschlich gar nicht so sehr zusammenpassen. Wir sind zwar ein Liebespaar, aber von der menschlichen Seite her gibt es viele Dinge, die uns im Laufe der Zeit auseinanderbringen würden, weil wir zu verschieden sind vom Charakter, der Mentalität und der Lebensart her.

Seine Frau wurde dann psychisch krank, weil sie unter unserer Beziehung sehr litt, und es kam zu einem Eklat. An einem Sonntag rief er mich morgens an und bat am Telefon, du mußt zu mir, zu uns kommen, während sie im Hintergrund schrie und tobte. Ich sollte hinkommen und versuchen, zu retten, was zu retten ist. Seine Frau ist übrigens 50. Sie kann es einfach nicht verwinden und einsehen, daß ihr Mann eine Geliebte hat, die zehn Jahre älter ist als sie. Das versteht sie nicht. Inzwischen hat sie mich allerdings kennengelernt.

Ich war zu einer Aussprache bereit, aber ich war nicht bereit, in die eheliche Wohnung zu gehen.

Diese Unterredung fand dann statt. Wir haben eine halbe Stunde miteinander gesprochen. Sie hatte die Möglichkeit, mich kennenzulernen und sich zu überzeugen, daß ich ihr ihren Mann nicht wegnehmen will. Daß ich ihn zwar als Freund schätze, wobei ich unsere Liebesbeziehung aber abstritt. Ich habe ihr gesagt, daß wir befreundet seien, die gleichen Interessen hätten, begeisterte Bergwanderer seien, daß ich ihn schätzen würde. Und ich habe ihr immer wieder gesagt, daß ich ihn als Ehemann nicht wolle und sie möchte es sich reiflich überlegen, bevor sie alles kaputtmacht und weggeht von ihm. Sie könne und solle ihn behalten. Das einzige, was ich möchte – aus egoistischen Gründen –, sei seine Freundschaft, und diese Freundschaft möchte ich behalten.

Sie hat mir nicht geglaubt und erklärt, daß ich seine Geliebte sei. Es stellte sich später heraus, daß er dies ihr gegenüber schon lange zugegeben hatte. Er tat dies, ohne mich darüber zu informieren. Ich sagte ihr dann noch, daß ihr Mann – wie alle Männer – ein Angeber sei, wobei er einer der größten Angeber überhaupt sei, und er brüste sich damit, daß er mit mir ausgehen kann. So müsse sie das sehen. Sie glaubte mir dann schließlich, vielleicht auch, weil sie mir glauben wollte. Jedenfalls ist es mit ihr jetzt wieder einigermaßen im Lot. Sie ist nicht weggegangen und hat sich nicht scheiden lassen, worüber ich natürlich sehr froh bin.

Über diese Entwicklung bin ich deshalb so froh, weil ich ihn ja auf der einen Seite als Liebhaber behalten möchte, ihn ab und zu sehen und schöne Stunden mit ihm verbringen möchte, aber nicht mehr. Dabei bin ich der Meinung, daß seiner Frau eigentlich nichts verlorengeht. Sie hat ein wunderschönes Haus, sie hat einen Mann, der gut verdient. Daß er eine Geliebte hat, ist eine Tatsache, an der sie aber nichts ändern kann. Wäre die Ehe intakt gewesen, hätte er mich ja vermutlich nicht angeschaut, dann wäre es überhaupt nicht passiert.

Die Vorteile einer Beziehung zu einem verheirateten Mann sind für mich sehr, sehr groß. Vor allem deshalb, weil dieser Mann immerhin viele Kilometer von mir entfernt ist. Damit ist die Entfernung so groß, daß ich nicht damit rechnen muß, daß er plötzlich und unerwartet vor der Tür steht. Das ist für mich ein großer Vorteil. Ich tue zwar in der Zwischenzeit nichts Unrechtes, gehe wohl mit anderen Bekannten öfter aus, was ich gerne tue, aber ich bin total treu. Nicht nur aus gesundheitlichen Gründen, die in letzter Zeit viel diskutiert werden, sondern ich bin treu aus Überzeugung, war es immer. Und wenn ich jemanden liebe, dann gibt es nur diesen einen Menschen für mich.

Aber durch die Entfernung habe ich meine Freiheit, meinen Freiraum, ohne ihn auszunutzen, aber er ist da. Ich kann kommen, wann ich will, gehen, wohin ich will, es ist keiner da, der fragt, woher kommst du, wohin gehst du. Und das möchte ich weiterhin so halten.

Natürlich gibt es auch dunkle Stunden, die sich durch das Alleinleben ergeben, das ich ja selbst gewählt habe. Manchmal gibt es Momente, in denen man einfach jemanden braucht. Es gibt Situationen, in denen man einen Menschen haben möchte, mit dem man sofort sprechen kann, d. h. einen Mann, eine Schulter, an die man sich anlehnen kann, die dann nicht da ist. Ich kann ihn nicht erreichen, nicht anrufen. Wenn ich das könnte, wäre es einfacher. Das würde mir helfen. Das kann ich nicht, und das ist ein ganz, ganz großer Nachteil. Ich bin darauf angewiesen, daß er mich von sich aus zwar täglich ein- bis zweimal anruft, aber den Kontakt kann immer nur er herstellen, nicht ich. Das ist der Preis für die Freiheit.

Wenn ich zum Beispiel mal krank bin, wäre es natürlich schön, wenn ich einen Partner hätte, mit dem ich zusammenlebe, der zwar im Augenblick nicht da ist, aber der nach ein paar Stunden kommt, dann wüßte ich, daß ich Hilfe und Schutz hätte und jemanden, der sich um mich kümmert und mir Geborgenheit gibt. Diese Geborgenheit, auch die menschliche Wärme und Nähe, die sich eben aus einer festen Partnerschaft ergeben, die habe ich natürlich nicht. Und das fehlt mir manchmal.

Wenn ich heute einen Mann kennenlernen würde, der mir spontan zusagt in jeder Beziehung, der zu mir ziehen wollte, würde ich nicht nur einen Riesenschreck bekommen, sondern ich wäre auch völlig perplex. Ich würde es im Augenblick überhaupt nicht akzeptieren können. Es wäre vielleicht möglich, wenn der Mann mir in sehr vielen Dingen entsprechen würde. Inzwischen stelle ich aber sehr hohe Ansprüche. Außerdem kann ich natürlich auch schon sehr gut alleine leben, von gelegentlichen Anfällen von Einsamkeit einmal abgesehen.

Ich weiß außerdem, daß es für eine Frau in meinem Alter schwer ist, einen geeigneten Partner zu finden, der in allem zu ihr paßt. Ich akzeptiere also die Distanz zu meinem jetzigen Geliebten und freue mich, wenn ich ihn sehe, genieße die schönen Stunden mit ihm.

Ich bin überzeugt, daß die Vorteile der Beziehung zu einem verheirateten Mann weit überwiegen, jedenfalls was mich anbelangt. Vorteile, die sich dadurch ergeben, daß ich meine Freiheit behalte und die Nähe dieses Partners nicht zu bedrückend ist. Denn ich habe zum erstenmal eine Scheu vor einer Bindung entwickelt.

Ich sehe meinen Freund, wenn ich in Südtirol bin, nicht nur am Wochenende, manchmal sehen wir uns jeden Tag, manchmal nur für eine Stunde, wie es sich halt ergibt.

Ich denke überhaupt nicht daran, daß sich das ändern könnte. Ich kann meinen Freiraum haben und in ihm leben, was ich als großen Vorteil ansehe. Das ist der Punkt, um den es eigentlich geht. Hinzu kommt der Egoismus, der sich bei mir ausgeprägt hat. Ich habe Ludwig zwar nicht, er gehört mir nicht, aber ich lege auch gar keinen Wert auf seinen Besitz. Ich habe ihn für gewisse Stunden für mich, und diese Stunden sind wunderschön. Es ist eigentlich die schönste Zeit, die ich jetzt mit diesem Mann in meinem Leben erlebe. Es ist die intensivste Zeit meines Lebens, was sich auch leicht erklären läßt:

Mein erster Mann war viel zu alt für mich. Er konnte mir natürlich all das gar nicht bieten, obwohl er es bestimmt gewollt hätte. Er konnte es nicht.

Mein zweiter Mann gab es mir am Anfang unserer Ehe. Er war ein sehr leidenschaftlicher Mann. Er gab mir diese Erfüllung ebenfalls. Aber die sexuelle Beziehung schlief dann ein im Lauf der Jahre, und ich habe somit viele, viele Jahre als Frau gar nicht gelebt.

Jetzt bin ich wieder voll aktiv, voll erblüht. Ich stehe an einem Punkt, den ich in meinen kühnsten Träumen nicht mehr erwartet hatte. Deshalb gibt mir diese Beziehung sehr, sehr viel. Ich bin frei, aber ich habe das, was ich mir wünsche, was ich haben möchte. Das gibt mir dieser Mann. Er gibt mir unendliche Zärtlichkeit und

Liebe. Ich fühle mich absolut nicht benutzt, er bleibt aus freien Stücken. Er sagt mir immer wieder, daß er mich nicht verlieren möchte, weil er mich nicht verlieren kann. Und das sagt eigentlich alles.

Claudia R. ist genau das, was man sich unter einer Lady vorstellt. Vom untadelig frisierten Kopf über die adrette Bluse bis zu den Lackschuhen, an denen selbstverständlich kein Stäubchen zu entdecken ist. Abgeblätterter Nagellack oder gar Übergewicht? Undenkbar. Diese Disziplin ist Claudia R.s »Korsett«, stützt sie, läßt sie um Jahre jünger aussehen. Eine solche »Lady« zumindest zeitweilig zu »besitzen« scheint auch zu sein, was ihr alpenländischer Geliebter schätzt. So sehr, daß sie den wesentlich jüngeren Ehemann einer anderen nur mit Mühe davon abhalten kann, seine Frau zu verlassen. Nach zwei Ehen, in denen sie den früh verlorenen Vater suchte und in denen bald sexuell nichts mehr lief, hatte sie »mit dem Leben als Frau schon abgeschlossen«. Nun hat sie schon den zweiten verheirateten Freund und schätzt die Distanz. »Ich bin sehr egoistisch geworden«, sagt sie knapp und präzise, »und als Frau wieder voll erblüht« ...

„Ehemänner sind außerordentlich reizende und dankbare Geliebte."

Alexa W., 34, gelernte Innenarchitektin, heute Schmuckhändlerin, getrennt lebend

Ich war mit einem Fotografen verheiratet, war viel mit ihm unterwegs. Meine Wohnung, die ich jetzt mit Judith K. teile, ist noch die eheliche Wohnung. Ende 1984 ist mein Mann ausgezogen. Wir sind noch nicht geschieden, weil wir es uns mit der Trennung nicht einfach gemacht haben. Wir haben erfolgreich daran gearbeitet und sind jetzt sehr gute Freunde. Dadurch, daß wir noch verheiratet sind, haben wir sehr viele Vorteile, steuerlicher Art und überhaupt. Wir verstehen uns heute phantastisch. Er kommt über Nacht hierher, stellt mir seine neue Freundin vor, ruft immer an, wenn er Liebeskummer hat, will dann beraten werden. Aber eine Ehe könnte es nie mehr werden. Wir haben uns in den USA kennengelernt. Ich habe da gearbeitet; und er war da auf Urlaub. Wir lernten uns kennen, verbrachten vierzehn Tage miteinander, am vierzehnten waren wir verheiratet. Das war 1979, insgesamt waren wir fünf Jahre verheiratet.

Ich merkte nach einiger Zeit, daß ich es genoß, nicht mehr Fräulein, sondern Frau W. zu sein. Ich habe es genossen, »mein Mann« zu sagen. Der Grund waren wahrscheinlich die zehn Jahre Studium, die ich ganz selbst finanziert habe. Ich habe nachts auf der Post gearbeitet, in der Fabrik, beim Theater, habe alles gemacht. Nach zehn Jahren Unsicherheit habe ich mich in der gesellschaftlichen Sicherheit der Ehe richtig gesuhlt, mich hineinfallen lassen.

Ich bin am Rhein, einer ziemlich weinseligen Gegend, geboren. Ich wurde sehr unkonventionell erzogen, obwohl ich eigentlich aus einem bürgerlichen Elternhaus stamme. Mein Vater war Schreiner und meine Mutter Hausfrau, sie hat aber die meiste Arbeit, auch im

Betrieb, getan und außerdem drei Kinder großgezogen. Sie hat geackert wie ein Tier.

Mein Vater dagegen war der große Macher mit einem Hang zum Ungewöhnlichen. Er hat uns beispielsweise antreten lassen und gesagt: »Meine Kinder, ihr seid jeder auf eine Million Mark versichert. Mein Leben lang wollte ich beim Kaufhof eine Schaufensterscheibe einwerfen. Wenn ihr das bitte für mich machen könntet, ihr müßt mir nur vorher Bescheid sagen, damit ich zugucken kann.« Aber wir haben es nicht gemacht. Weil es erlaubt war, war es uninteressant. Geld war nie im Haus, dazu war mein Vater zu großspurig. Meine Mutter hat deshalb nie ein neues Kleid bekommen.

Der große Bruch kam, als ich siebzehn war: Mein Vater, inzwischen Mitte 40, flippte aus, und es folgten böse Zeiten. Meine Mutter mußte ins Krankenhaus, und ich habe die Mutterrolle bei meinen zwei jüngeren Brüdern übernommen. In der Zeit habe ich morgens um fünf die Kantine betreut, bin danach in die Schreinerlehre gefahren und habe abends ein Haus mit Garten, Hunden, Katzen und drei Männern versorgt. Die Schreinerlehre habe ich deshalb abgebrochen und wurde dann 1970 als eine der jüngsten Studentinnen in Rheinland-Pfalz an der damaligen Werkkunstschule aufgenommen, war mit siebzehn schon Studentin.

Wenn ich mit siebzehn, achtzehn Jahren abends mit Professoren und Kommilitonen in der Weinkneipe saß, stand mein Vater um zehn Uhr vor der Tür und wollte mich heimholen. Das war mir furchtbar peinlich, denn er war eifersüchtig auf jeden Mann, der nur in meine Nähe kam. Zu Hause war es furchtbar: Mein Vater erzählte mir immer von seinen Freundinnen, meine Mutter heulte sich bei mir aus. Schließlich wurde meine Mutter nochmals schwanger, und mein Vater zwang sie zur Abtreibung. Meine Mutter war immer müde, abgespannt, überlastet, hat die ganze Verantwortung getragen. Ich nehme an, daß mein Vater in einer Art Midlife-crisis steckte.

Als ich neunzehn war, konnte ich nicht mehr. Ich hatte Ohnmachtsanfälle und starke Migräne und bin jedesmal ins Krankenhaus gekommen, aber die Ärzte haben nie etwas gefunden. Schließlich kam jemand mal auf die Idee, mich zu einer Therapeutin zu schicken. Und während diese mit mir sprach, mir Fragen stellte, erkannte ich plötzlich, warum es mir so schlechtging. Als ich wieder zu Hause war, habe ich alles zerschlagen und wollte mit dem Messer auf meinen Vater losgehen. Mit den Ohnmachten war es nun vorbei. Diese »Notbremse« war weg, und das führte schließlich dazu, daß ich 80 Schlaftabletten schluckte. Ich saß im Auto, das ich auf einem Feld geparkt hatte, aber durch einen irrwitzigen Zufall hat mich ein Freund da gefunden.

Daraufhin war ich sehr lange im Krankenhaus, bin dann zu einer Tante gezogen. Mein Vater wollte mit alldem nichts zu tun haben. Als ich später in Therapie war, ist meine Mutter immer mitgegangen, und wir haben unsere Probleme miteinander aufgearbeitet. Ich habe wieder gelernt, Tochter zu sein und nicht mehr Ersatzfrau für meinen Vater. Zu meiner Mutter habe ich heute ein gutes Verhältnis, sie ist nicht mehr mit meinem Vater zusammen. Meine Mutter hat sich auch freigestrampelt, mit 40, und ist heute ein völlig anderer Mensch.

Ich hatte immer Beziehungen, die einige Jahre dauerten. Meine erste große Liebe wollte ich immer verführen, aber ich wußte nicht, wie das ging. Er traute sich auch nicht, weil ich mit achtzehn noch Jungfrau war, und schließlich ging das wieder auseinander. Da schwor ich mir, daß der nächste nichts von meiner Jungfräulichkeit erfahren sollte.

Der nächste war ein süßer Medizinstudent aus gutem Hause, der mich sehr verwöhnt hat und das glatte Gegenteil meines Vaters war. Ich habe dann meinen kleinen Bruder in die Apotheke geschickt, um die »Pille« zu besorgen. Mein Medizinstudent hat mich später, ohne es zu wissen, defloriert.

Anschließend war ich wieder mit meiner ersten großen Liebe zusammen. Der hat mir Eifersuchtsszenen gemacht, weil er nicht der erste war, obwohl er sich ja damals nicht getraut hatte. Diese Beziehung ist dann endgültig kaputtgegangen, und ich war mit einem zusammen, der partout heiraten wollte. Allerdings hatte ich immer das Gefühl, er wolle nur die Ehe und nicht mich, irgendeine Frau halt. Von dem wurde ich schwanger, worüber er sich sehr freute. Aber ich bin zu irgendeinem Kurpfuscher gegangen, weil ich noch im Studium war.

Dann kam Karsten. Er war fast 30 Jahre älter als ich. Ein Grandseigneur, schick und schnuckelig, mit grauen Schläfen und ganz schlank. Mit Vorliebe trug er Smoking, war ein Löwe Marke »reicher Italiener«. Der hat mich aber auch versaut, weil er mich wahnsinnig verwöhnt hat mit Geschenken.

Karsten trug mich also auf Händen, führte mich groß aus. Ich bin immer von Männern verwöhnt worden, nicht nur materiell, alle waren das Gegenteil meines Vaters! Mein Mann war dagegen etwas ruppiger, wir sind wie Feuer und Wasser, so konträr. Mein Sternzeichen ist Schlange und seines Tiger. Nach dem chinesischen Horoskop wird vor dieser Kombination gewarnt. Ich habe in Mainz und Wiesbaden studiert, und nach Frankfurt kam ich durch Karsten.

Ich hatte nie Beziehungen mit verheirateten Männern, die habe ich immer fortgeschickt. Ich habe oft verheiratete Männer kennengelernt und sogar einmal im Urlaub mit einem kurz etwas gehabt, bis sich herausstellte, daß er gebunden war. Meine jetzige Beziehung zu einem verheirateten Mann hat sich noch, während ich mit meinem Mann zusammen war, ergeben. Unsere Ehe hat nicht funktioniert, weil wir uns zuwenig kannten. Wir haben versucht, miteinander klarzukommen, und haben beide voneinander viel gelernt. Wir waren sogar in einer Ehetherapie, haben aber einsehen müssen, es geht nicht mehr.

Die Gegensätze waren zu groß: Mein Mann handelt und denkt dann, ich denke und handle dann. Er ist ein Morgen-, ich ein Abendmensch. Ich lasse die Dinge auf mich zukommen, er muß alles sofort erledigen, wir sind einfach verschieden! Er ist ein absoluter Motoriker, und ich bin erst mal ruhig und bedacht. Wir haben es wirklich versucht und mochten uns, mögen uns immer noch, aber es ging halt nicht. Wir haben uns liebgehabt, aber nicht geliebt. Trotzdem hat es mir ganz schön den Boden unter den Füßen weggezogen, als wir auseinandergingen. Mein Mann hatte übrigens auch im Bett ziemliche Probleme, ich war für ihn zuviel Frau. Er hat sich ständig überfordert gefühlt, obwohl ich mich sehr zurückgehalten habe. Er ist fünfzehn Jahre älter als ich. Wir hatten schon ein Jahr nicht mehr miteinander geschlafen, ich hatte auch mit keinem anderen Mann geschlafen und war dementsprechend ausgehungert.

In dieser Situation habe ich nun diesen Fisch-Mann kennengelernt, Fisch-Männer sind ja sehr gefühlsbetont. Einen verheirateten Mann, mit dem ich auch jetzt noch zusammen bin, den Walter. Ich will mich jetzt aber von ihm trennen, aus Vernunftgründen. Er hat mir aus dieser Ehe herausgeholfen, er war immer eine Brücke für mich und ein Sprungbrett.

Wieder bin ich an einen Mann geraten, der mich exzessiv verwöhnt hat und es bis heute tut. Wir sind seit vier Jahren zusammen. Er war weder die Ursache noch der Auslöser für die Trennung von meinem Mann. Walter ist glücklich verheiratet, hat Kind und Kegel, ist beruflich erfolgreich und lebt in einer Kleinstadt bei Zürich. Ich bin erst die zweite Partnerin in seinem Leben, weil er seiner Frau, die die erste für ihn war, vierzehn Jahre treu war. Mit der Trennung von meinem Mann hat er überhaupt nichts zu tun, ich war mit meinem Mann schon fertig, als es mit Walter losging. Walter ist viel auf Reisen, und wir hatten den Turnus, uns alle vierzehn Tage, auch mal übers Wochenende, zu sehen. Ich weiß gar nicht, warum ich immer in die Vergangenheitsform falle, wir halten es ja immer noch so, vielleicht habe ich innerlich schon den Schlußstrich gezogen.

Von Anfang an wußte ich, daß er glücklich verheiratet war und es auch bleiben wollte. Das war vielleicht auch so eine Art Sicherheit für mich. Da ich ihn nur alle vierzehn Tage sah, hatte ich genug Ruhe und Zeit, mich zu entwickeln und die Beziehung zu meinem Mann zu klären und zu lösen. Daß Walter gebunden war, war zu dem damaligen Zeitpunkt genau das Richtige für mich. Wir haben uns auf einer Messe kennengelernt, die wir beide aus beruflichen Gründen besuchten. Ich war sexuell so ausgehungert, daß er nur zu winken brauchte. Einerseits hat er den sexuellen Bereich völlig abgedeckt, andererseits konnte ich auch meinen Gefühlen richtig Luft machen. Meine Gefühle waren so geborgen, weil er zehnmal am Tag angerufen hat. Es war das erste Mal, daß ich so eine rasende Leidenschaft empfunden habe. Ich habe diesen Mann wie verrückt geliebt, wie wahnsinnig, mehr als jeden zuvor.

Aber von Anfang an wußte ich: Den kriegst du nie. Ich mußte mich auseinandersetzen damit, daß es irgendwann aufhört. Er hat nie ein schlechtes Wort über seine Frau gesprochen, sondern immer nur von ihr geschwärmt. Und das Verrückte ist, daß ich wohl so etwas wie der geistige Doppelgänger seiner Frau bin: Wir gebrauchen gleiche Redewendungen, haben ungefähr die gleichen Kindheitserinnerungen. Ähnlich sehen wir uns allerdings nicht. Ich glaube nicht, daß die Ehe der beiden inzwischen langweilig geworden war, weder im Bett noch auf anderen Gebieten. Sie ist wie ich astrologisch ein Zwilling, eine ganz witzige Frau, ich habe sie kennengelernt. Sie ist sehr pfiffig, was die so anstellt für ihn und was sie sich einfallen läßt! Sie schreibt ihm zum Beispiel kleine Gedichte.

Er sagt, er liebe uns beide und verstehe sich und die Welt nicht mehr, daß das möglich ist. Edith und ich sind uns so unglaublich ähnlich: Zum Beispiel verlieren wir beide gleichzeitig die gleichen Stiefel, die er uns geschenkt hat. Er schenkt uns immer das gleiche, ihr und mir. Sie hat nebenbei keine andere Beziehung, hat nie eine andere gehabt außer ihm.

Ich glaube, am meisten fasziniert mich an diesem Mann, daß wir die gleiche Wellenlänge haben. Auch sexuell, aber das ist nicht das wichtigste, war es nur am Anfang. Wir haben sehr viel ähnliche Interessen, schon weil er auch in der Schmuckbranche tätig ist. Wir waren oft unterwegs, bei Messen, oder haben uns irgendwo im Hotel getroffen. Ich habe die verrücktesten erotischen Sachen gemacht, wie bei keinem Mann vorher. Bei meinem Mann ging das schon gar nicht, der wäre bloß erschrocken. Walter und ich, wir waren verrückt aufeinander. Für ihn war es auch ganz toll, er war Anfang 40, die Midlife-crisis ging gerade los. Und unser Verhältnis gab ihm das Gefühl, im Leben nichts versäumt zu haben.

Ehemänner sind außerordentlich reizende und dankbare Geliebte. Ein Junggeselle würde dauernd Ansprüche stellen. Überhaupt würde ich von einem Mann, der mit 40 – das ist das für mich interessante Alter – noch Junggeselle ist, die Finger lassen. Die haben meiner Meinung nach alle 'ne Macke. Es müßte schon ein Geschiedener sein.

Jetzt bin ich gerade im Begriff, mich von Walter zu lösen. Ich werde nächstes Jahr 35, und wenn ich noch ein Kind haben möchte ... Ich bin jetzt nicht mehr so wie früher, daß ich nur geliebt werden möchte, ich möchte auch selbst jemanden lieben dürfen, auch ein Kind. Ich bin mir nicht sicher, ob ich Walter jetzt noch haben wollte. Es gab Zeiten, da hätte ich sonstwas dafür gegeben, aber es war von Anfang an klar, daß es nicht ging. Ich habe von

Anfang an mit dem Ende gelebt. Die Trauerarbeit, die man verrichtet, wenn eine Beziehung zerbricht, war von Anfang an mit einbezogen. Es war immer eine Beziehung auf Zeit. Ich war sehr eifersüchtig auf seine Frau, auf Weihnachten und auf Urlaub mit den Kindern. Das habe ich so verarbeitet, daß ich überhaupt nicht mehr eifersüchtig bin, aber das hat andererseits auch die Gefühle getötet.

Innerlich habe ich die Trennung eigentlich schon vollzogen, obwohl ich immer noch an ihm hänge. Ich habe ihn aber immer noch wahnsinnig gerne um mich, unternehme gerne was mit ihm und halte ihn gerne im Arm. Er spürt, daß es zu Ende geht, weil ich es ihm auch schon offen gesagt habe. Ich bin nicht mehr seine Geliebte, sondern seine liebe Freundin. Eigentlich habe ich den Bruch schon vollzogen. Er ist jetzt am Durchdrehen.

Zusammenfassend kann ich sagen, daß in der Phase meines Lebens, in der ich Walter kennenlernte, ein verheirateter Mann das Optimale für mich war. Er gab mir, was in dem Moment für mich wichtig war, ohne mich zu überfordern mit praktischen Ansprüchen. Ich bekam von ihm alles, was ich zu dem Zeitpunkt brauchte. Durch sein Gebundensein war er soweit abgezogen, daß ich erst mal die Beziehung zu meinem Mann klären, verwerten und verstehen konnte. Der entscheidende Vorteil an diesem verheirateten Mann war, daß er Hunderte Kilometer von Frankfurt wegwohnt und nur alle vierzehn Tage da war.

Diese Beziehung hat natürlich auch Schmerzen gebracht, weil ich viel alleine war. Aber durch Schmerzen reift man, und im nachhinein gesehen war diese Beziehung das Beste, was mir passieren konnte. Denn nach der Trennung von meinem Mann hing ich im luftleeren Raum. Ich hatte meinen Beruf aufgegeben, um mit meinem Mann zu fotografieren. Fotografie war eines meiner Studienfächer gewesen. Diese Tätigkeit fiel nun weg, aber in meinen Beruf als Innenarchitektin wollte ich auch nicht zurück und wußte erst mal nicht, was tun. Geld hatte ich auch keines mehr, und das war auch der Grund, warum ich Judith in die Wohnung nahm.

Ich war damals verzweifelt und am Ende, und da war eben Walter für mich da. Er hat mich angerufen, hat mich in meiner

Aufbauphase unterstützt, auch finanziell, hat mir ständig Blumen gebracht und Parfum und dies und das, damit es mir auch gutgeht. Er hat mich richtig umsorgt, aber aus der Ferne, ohne Verpflichtung, ohne daß er mir auf den Pelz rückte und ich für jemanden kochen und bügeln mußte. Er war sehr pflegeleicht. Er war da, wenn ich ihn brauchte, aber ohne jede Belastung für mich.

Und das war wirklich das Beste, das mir passieren konnte. In den vier Jahren mit Walter habe ich die Trennung von meinem Mann verkraftet, habe mir beruflich etwas aufgebaut und mein Selbstbewußtsein gepflegt. Ich habe mich ganz schnell und steil fortentwickelt. Die Funktion, die dieser verheiratete Mann in meinem Leben hatte, geht aber nun zu Ende. Es war eine Übergangsphase. Walter war mein Halt, er hat mich gestützt und auch als Frau bestätigt.

Aber es gab auch Kummer. Die Trennung stand ja immer im Raum, war immer irgendwo im Hinterkopf. Aber irgendwie hat mir das auch ins Konzept gepaßt. Ich habe das nämlich als Tatsache hingenommen und nie versucht, darauf hinzuarbeiten, daß das anders wird. Im Gegenteil. Ich habe sogar bewundert, daß er so liebevoll mit seiner Frau umging. Ich ging sogar soweit, daß ich ihm half, hier Sachen für sie einzukaufen, beispielsweise einen Skianzug. Den habe ich dann anprobiert, ob er auch die richtige Größe hat. Nachdem ich diese Eifersucht überwunden hatte, war ich schon fast stolz auf die nette Familie, die er hat.

Diese Akzeptanz hat jedoch auch zu einer gewissen Ablösung geführt. Ich glaube nicht, daß ich grundsätzlich seelisch prädestiniert bin für Beziehungen zu verheirateten Männern. Ich war es nur damals aufgrund meiner spezifischen Lebenssituation. Jetzt fühle ich mich rundum in einer neuen Phase. Auch beruflich tut sich zur Zeit einiges. Ich habe zusammen mit einer anderen Frau ein Schmuckgeschäft aufgebaut. Im Hinterkopf habe ich außerdem immer noch die Absicht, die Bildhauerei weiterzumachen. Die Aufbauphase ist jetzt vorbei, und ich kann mich wieder auf meine Träume stürzen. Ich bin Walter unheimlich dankbar, er hat mir den Weg geebnet.

In der Beziehung zu Karsten habe ich die Probleme mit meinem Vater aufgearbeitet. Die Ehe mit meinem Mann war eine Art Überlebenskampf, ich habe viel gelernt, es war das erste Mal, daß ich kämpfen mußte. Und die Geschichte mit Walter, das war wohl meine Entfaltungsphase...

»Die Geschichte mit Walter war wohl meine Entfaltungsphase«, sagt Alexa W. und weiter, »er war meine Brücke und mein Sprungbrett.« Für sie ist die vier Jahre dauernde Beziehung zu einem verheirateten Mann deutlich eine Übergangsphase, die sich nun dem Ende zuneigt. Zierlich und brünett ist sie, sehr weiblich und temperamentvoll. Anfangs liebte sie ihren Freund »wie verrückt«, aber der liebte eben auch seine Frau. Alexa W. löste sich unmerklich, achtete auf den eigenen beruflichen Aufbau, die innere Entwicklung. Walter hat ihr viel gegeben: »In den Jahren mit Walter habe ich die Trennung von meinem Mann verkraftet, mir beruflich etwas aufgebaut und mein Selbstvertrauen gepflegt. Ich habe mich ganz schnell und steil fortentwickelt.«

Walter hat ihr geholfen, hat keine Ansprüche gestellt. Aber in absehbarer Zeit will Alexa W. mehr, will ein »Wir«, wie es ihre Freundin Judith K. formuliert.

„Ich dachte mir, das ist keiner, der dich vereinnahmen will. Weil er noch in seiner Ehe drinsteckt."

Judith K., 39, Inhaberin eines Reisebüros, ledig

Ich stamme aus einem kleinen Ort im Schwarzwald. Mein Elternhaus war sehr lieb, schön und harmonisch. Ich bin die Älteste von drei Geschwistern. Mein Vater war Bundesbahnbeamter und meine Mutter Hausfrau. Meine Eltern haben sich gegenseitig immer sehr geachtet und respektiert. Bei uns wurde immer sehr viel gelacht. Wir waren eine klassische Großfamilie mit Oma und Opa und lebten auf einem Dorf, wo auch die Nachbarn und die Verwandtschaft in alles mit einbezogen wurden. Jeder wußte alles vom anderen. Mit achtzehn, da war ich ja noch lange nicht großjährig, wollte ich langsam weg, weil es mir dann doch zu eng wurde. Es fing damit an, daß ich immer wieder erzählte, ich wolle weg, in die nächste Stadt. Das erschien mir aber bald als zu nahe, und ich liebäugelte mit der Schweiz. Meine Eltern bekamen einen großen Schrecken, denn die Schweiz ist ja doch schon Ausland und ganz schön weit weg. Eine Schwester meiner Mutter war Haushälterin bei einem alten Herrn in Köln. Dort durfte ich mich eines Tages vorstellen. Mit achtzehn war ich natürlich noch Jungfrau, das kam bei mir alles erst recht spät. Schulkameradinnen von mir waren in dem Alter schon verheiratet und hatten Kinder. Aber ich hatte es noch nie so mit Heiraten.

Ich bekam dann den Job in Köln als Stenokontoristin und bezog dort ein möbliertes Zimmer. In der Zwischenzeit hatte ich im Schwarzwald schon einen netten jungen Mann kennengelernt, der in Köln lebte. Mit ihm ist es dann das erste Mal passiert. Es war allerdings sehr unbefriedigend, und ich habe versucht, das ganz schnell wieder zu vergessen. Ich habe mich dann bald von dem Job und von der Tante befreit. Eigentlich war mir von Anfang an klar, daß das für mich nur ein Sprungbrett für ein eigenes Leben war. Meine zehn Jahre jüngere Schwester ist später auch weg von zu Hause, die habe ich irgendwie nachgezogen, ich war für sie so das große Vorbild. Bis ich vor einem Jahr nach Frankfurt kam, habe ich in Köln gelebt. Der Grund für den Ortswechsel war ein Frankfurter, den ich in Rom kennengelernt habe, als ich letztes Jahr ein halbes Jahr in Italien war. Hier in Frankfurt arbeite ich in einem Reisebüro. Der Job ist sehr wichtig in meinem Leben. Ich bin immer viel gereist. Dieser Job erleichtert mir das nun. Ganz nach Italien zu ziehen, könnte ich mir nicht vorstellen, aber ein Zweitwohnsitz dort wäre nicht schlecht.

Zu meinem Vater hatte ich immer ein klares Verhältnis. Mit meiner Mutter gab es überhaupt keine Geschichten, kein Konkurrenzdenken oder unklare Verhältnisse. Meine Eltern sind tolle Menschen, sie waren für mich immer ein Vorbild. Ich habe mir natürlich viele Gedanken gemacht, warum ich nie geheiratet habe und auch nie heiraten will. Meine Eltern führen eine Ehe, wie ich sie nicht führen kann und nicht führen will. Meine Mutter immer nur zu Hause, das »nur« in Anführungszeichen, denn sie empfindet es nicht so. Absolut die traditionelle Rollenverteilung. Mein Vater ging arbeiten, verdiente das Geld, das er alles meiner Mutter gab. Sie war also nie diskriminiert. Bei uns Kindern hatten beide gleichermaßen Autorität, und die Großeltern hatten auch etwas zu sagen. Das ist alles heute so nicht mehr machbar. Die Ehe ist für mich aus der heutigen Sicht ein Dinosaurier. So, wie ich das als Kind erlebt habe, das gibt es einfach nicht mehr. Die Umstände sind nicht mehr entsprechend.

Der erste Mann, den ich kennenlernte, war geschieden und zum zweiten Mal verheiratet und wieder in Scheidung lebend. Er war 26 und ich 21. Mit dem war ich sieben Jahre zusammen. Wir lebten in einer eheähnlichen Gemeinschaft. Bei der Trennung spielten viele Dinge eine Rolle. Er war intellektuell für mich ein großes Vorbild. Ich vom Dorf, er aus Berlin. Ich blickte zu ihm auf, obwohl er nur fünf Jahre älter war als ich. (Ich hatte nie das Bedürfnis nach wesentlich älteren Männern.) Und erotisch war es mit ihm auch ganz toll, zumindest kam es mir damals so vor. Er war ja immerhin der erste Mann, in den ich mich so richtig verliebt hatte, und er gab mir das Gefühl, ich sei eine richtige Frau. Und ich dachte halt, auch erotisch sei es das, was eben sein müßte. Ich habe erst später gemerkt, daß es gar nicht so war, wie ich gedacht hatte. Was da zusammenkam, war so vielschichtig. Er war Werbetexter, er war – inzwischen – zweimal geschieden, er war Alkoholiker, das wußte ich am Anfang aber nicht. Als wir dabei waren, uns zu trennen, stellte sich heraus, daß er Krebs hatte. Er wurde operiert und ist dann innerhalb eines Jahres gestorben. Einen Krebskranken verläßt man nicht. Ich bin bei ihm geblieben. Es war ein schlimmes Jahr, ich bin jeden Abend zu ihm ins Krankenhaus. Er hat mir die fürchterlichsten Eifersuchtsszenen gemacht. Er fühlte sich nicht mehr als vollwertiger Mann, und wenn ich nicht pünktlich nach der Arbeit im Krankenhaus war, verdächtigte er mich, zwischendurch noch jemanden getroffen zu haben. Nach seinem Tod war ich erst mal für eine Beziehung blockiert, habe aber mein sexuelles Defizit in kurzen Affären ausgelebt. Ich hatte ein absolutes Nachholbedürfnis. Ich wollte bloß nichts, was mich irgendwie gebunden hätte, bloß keine Verantwortung. Ich wollte frei sein.

Nach meiner »Auslebphase«, die fast so lange wie die Beziehung selbst gedauert hat, also fast sechs Jahre, lernte ich wieder einen Mann kennen, mit dem ich dann zwei Jahre zusammen war. Ich war inzwischen 35 und bekam wieder so langsam das Gefühl: Ach ja, du könntest eigentlich mal wieder. Er dagegen hatte gerade eine Zeit mit Frau und Kind hinter sich, hatte sich gerade getrennt und wollte sich erst mal gar nicht binden. Er lebte in Wuppertal und ich in Köln. Jeder hatte seine eigene Wohnung. Für mich war das eine wichtige Annäherungsphase. Ich konnte mir wieder vorstellen, mich ganz auf einen Menschen einzulassen und wieder mit jemandem zusammenzusein. Er wollte mir nicht auf die Pelle rükken und ich ihm nicht, es paßte wunderbar. Nach zwei Jahren war uns beiden klar, daß wir jeder nicht *der* Partner für den anderen waren. Wir waren halt eine Zeitlang zusammen, mochten uns, waren einige Zeit sogar verliebt ineinander. Aber die große Liebe war es nicht. Er war auch geistig nicht das, was ich mir vorstellte. Er war mehr Mann und Sportler, die geistige Ebene fehlte mir irgendwie.

Jetzt bin ich wieder mit einem Mann zusammen, der verheiratet ist. Wir haben uns letztes Jahr in Italien kennengelernt. Bei mir hatte es wie der Blitz eingeschlagen. Er ist meine große Liebe. Als wir uns kennenlernten, war er gerade von seiner Frau verlassen worden. Das war schon seine zweite Ehe. Er ist ein Paradebeispiel für die Überholtheit der Ehe in unserer Zeit. Er hat das erste Mal sehr jung geheiratet, weil seine Freundin schwanger wurde. Das war der Heiratsgrund. Sie paßten nicht zusammen und wurden wieder geschieden. Vor fünf Jahren lernte er eine Frau kennen, von der er dachte, es sei die Frau fürs Leben. Nach drei Jahren wurde geheiratet, und sie hat ihn letztes Jahr verlassen mit der Begründung, sie würde ihn nicht mehr lieben und müsse sich selbst verwirklichen. Er fiel aus allen Wolken. Nach Italien wollten sie eigentlich zusammen fahren. Sie hatte den Urlaub gebucht. Er fuhr dann allein. Wir haben uns in einem Lokal in der römischen Innenstadt kennengelernt. Sein Urlaub war fast zu Ende, wir haben noch vier Tage zusammen verbracht, dann ist er zurück nach Frankfurt, während ich noch drei Monate blieb. Wir haben uns geschrieben und viel telefoniert. Er lud mich nach Frankfurt ein. Irgendwie glaubt er heute noch nicht, was mit uns passiert ist. Aber ihn hat es auch nicht so umgeschmissen wie mich. Mir war so was mein ganzes Leben noch nicht passiert. Ich dachte, für den Mann breche ich alle meine Brücken hinter mir ab, und bin nach Frankfurt gezogen.

Er war damals überhaupt nicht zu einer Beziehung bereit. Ich im Grunde ja auch nicht. In meinem Elternhaus habe ich mich sehr geborgen gefühlt. Der Erziehungsstil meiner Eltern hat mir imponiert, und ich hatte Respekt vor ihnen. Aber es war mir zu eng dort, das alles war überhaupt nicht mehr zeitgemäß. Möglicherweise scheue ich deshalb enge Bindungen. Ein Mann, der gerade von seiner Frau verlassen wurde und noch unter der Trennung leidet, ist auch bindungsscheu und deshalb für mich schon angenehm. Man kann ihn zwar lieben, aber er stellt keine Ansprüche, will kein Hemd gebügelt haben und ist nicht immer da. Er will nicht, daß man für ihn auf Ämter geht, daß man ihn bekocht, daß man mit ihm zum Arzt geht und ihm Kinder gebärt. Das mit den Kindern hat er zum Glück schon hinter sich. So ein Mann ist für mich der ideale Partner. Und weil er, durch diese Erfahrung mit einer »Dinosaurier-Ehe«, inzwischen selber auf dem Standpunkt steht: Die Ehe ist etwas Abartiges in der heutigen Zeit. Früher war die Ehe eine Produktionsgemeinschaft, eine Versorgungsgemeinschaft. Dafür gibt es heute in den meisten Fällen keine Grundlage mehr. Die Ehe ist eigentlich nur noch das, was man von früher so im Hinterkopf hat: Gesellschaft, Eltern und das alles. Doch wenn man selber ins Nachdenken kommt, dann geht das nicht mehr.

Ich glaube, am Anfang hoffte er noch, daß die »Frau seines Lebens« irgendwann zurückkommt. In einem langen Prozeß des Nachdenkens, der jetzt erst zu einem Ende kommt, hat er diese Hoffnung wohl aufgegeben. Er hat aber heute noch Kontakt zu seiner Frau. Am Anfang hatten sie gar keinen Kontakt, weil sie Hals über Kopf die gemeinsame Wohnung verlassen hat.

Mir hat es nie etwas ausgemacht, daß er mit seiner Frau noch nicht fertig war. Er ist als Mensch für mich ungeheuer wichtig und interessant, alles, was mit ihm zu tun hat, interessiert mich menschlich. Ich schätze ihn sehr, weil er sehr bewußt und verantwortungsbewußt mit anderen Menschen umgeht. Er hat versucht, diese ganze Geschichte aufzuarbeiten, und ich glaube, ich habe ihm dabei sehr geholfen. In einem Brief, den er mir nach Italien schickte, hat er mir sehr viel über seine Ehe geschrieben, in der er damals wirklich noch voll drin war. Und ich habe mich dann an einem sonnigen Nachmittag hingesetzt und ihm zehn Seiten lang zurückgeschrieben, alles, was mir dazu eingefallen ist. Darauf kam von ihm ein Antwortbrief, in dem er schrieb, das sei unglaublich, wie sehr ich bei der Analyse seiner Ehe ins Schwarze getroffen hätte. Wir hatten damals schon eine sehr intensive erotische Beziehung. Er hatte ein ungeheures Nachholbedürfnis, denn seine Frau hatte nie Lust, mit ihm zu schlafen. Er schwärmte, daß es zwischen uns erotisch so schön sei, daß wir so gerne schmusen und zärtlich zueinander sind. Wenn er da an die Verena denke, bis die mal mit ihm geschlafen habe! Und dabei ist er so zärtlich und aufmerksam! Aber ich bin trotzdem monatelang in Italien geblieben. Ich hatte nicht das Bedürfnis, ihn festnageln zu müssen. Ich will nicht nur selber frei sein, ich lasse auch anderen ihre Freiheit. Das ist überhaupt die Basis unserer Beziehung und der Grund, daß sie schon so lange dauert und, wie ich glaube, immer besser und intensiver wird. Er kann sich sicher sein, daß ich nicht wieder so eine Frau bin, die ihn festnageln und zum Ehemann machen will. Denn davor hat er wirklich einen Horror. Er sagt selbst, er habe es inzwischen kapiert, daß diese blöde Heiraterei keinen Zweck habe. Daß ich wegen ihm nach Frankfurt zog, ergab sich aus einer Einladung, die er mir nach Italien schickte. Ich kam dann direkt von dort nach Frankfurt, um ihn zu besuchen. Wir wohnen getrennt, und eine gemeinsame Wohnung steht im Moment nicht zur Debatte. Wir fahren oft in seine Wochenendwohnung im Spessart, zum Wandern und Lesen.

Über eine Annonce in der Zeitung, in der eine Mitbewohnerin für eine Altbauwohnung gesucht wurde, bin ich an die Alexa gekommen. Robert, so heißt er, sagte: Sachsenhausen, das ist die Ecke, wo du wohnen müßtest. Alexa hatte 30 Anrufe auf diese Anzeige. Ich habe immer wieder angerufen, es war für mich irgendwie ganz klar, das muß es sein. Bei meinem letzten Anruf sagte sie etwas von einer anderen, die noch am gleichen Abend vorbeikommen wolle. Ich meinte, ach was, laß das sein, ich bin die richtige Frau für dich. Da hat sie so lachen müssen, und später sagte sie mir, daß das der ausschlaggebende Punkt für mich gewesen war.

Wir haben uns dann auch gleich angefreundet. Wir sind beide Typen, die sehr viel unterwegs sind. Sie auf einer Messe oder mit Walter unterwegs, ich bin viel bei Robert, wir machen Wochenendausflüge, wir sind im Spessart. Unser Zusammenleben ist ganz unproblematisch.

Ich könnte mir vorstellen, mit Robert zusammenzubleiben und mit ihm alt zu werden. Er ist der erste Mann in meinem Leben, mit dem ich mir das vorstellen kann. Umgekehrt bin ich mir nicht so ganz sicher, denn er macht manchmal so scherzhafte Andeutungen. Wir sind sehr viel zusammen, bestimmt fünf- bis sechsmal pro Woche. Wir übernachten auch fast immer zusammen. Entweder bin ich bei ihm oder er bei mir, das ist fast ausgeglichen. Einsame Nächte verbringen wir höchsten ein-, zweimal in der Woche. Erotisch wird es immer.

Ich glaube, ein Grund dafür, daß ich mir diesen Mann ausgesucht habe, war, daß er innerlich noch sehr stark gebunden war. Im Hinterkopf wußte ich, das ist keiner, der dich vereinnahmen will oder darauf aus ist, dich zu heiraten. Ich hatte mal, nachdem ich meinen Mann in Köln kennengelernt hatte und der sich mit mir verloben wollte, einen »Schlüsseltraum«, aus dem ich in Schweiß gebadet erwachte: Ich sah mich wie in dem Film »Die Reifeprüfung«, wo sie vor dem Altar steht und er klopft hinten an die Scheibe. So sah ich mich mit diesem Mann vor dem Altar stehen, ich ganz in Weiß, und irgend jemand fragte, ob ich will, und ich schrie nur noch nein, nein, nein und bin da rausgerast. Die Idylle meiner Eltern muß mich irgendwie erschreckt haben, ich fand es sehr eng, klein und vorbestimmt. Für mich selber war da zuwenig Platz. Diesen Freiheitsdrang haben wir beide, Robert und ich, sehr heftig. Ich dachte immer, wenn ich da reinrutsche, da komme ich nicht mehr raus, dann bin ich angebunden.

Und Robert kam mir eben nicht sofort mit dem Ring, im Gegenteil, er hat mir gleich am Anfang gesagt, daß seine zweite Ehe gerade in die Binsen gegangen sei und er nie wieder heiraten werde. Er sei gar nicht reif und bereit, wieder eine feste Beziehung einzugehen. Und das hat mir dann wahrscheinlich das sichere Gefühl gegeben, auf den Mann kannst du dich einlassen. Und ich habe mich voll auf ihn eingelassen.

Nachteile gab es auch. Zum Beispiel, daß er am Anfang immer so sehr betont hat, daß er gar keine Beziehung will. Es war paradox: Ich wollte ihn, weil ich dachte, das ist der Mann, der dich in Ruhe läßt, aber gerade weil er mich in Ruhe ließ... Es war wirklich paradox. Er war der Mann, den ich wollte, aber ich war nicht die Frau, die er wollte. Der Nachteil in dieser Anfangsphase war eben, daß ich mich nicht von ihm geliebt gefühlt habe. Ich glaube, er hat seine Frau noch geliebt. »Lieben« ist so ein blödes Wort. Das müßte man erst mal definieren. Ich will diesen Mann um Gottes willen nicht heiraten, bloß nicht! Heiraten ist für mich absolut indiskutabel. Absolut. Und Kinder will ich auch nicht. Ein Kind würde mein Leben zu sehr verändern, mich vielleicht zu sehr festlegen, festnageln. Es geschähe genau das, wovor ich so einen Horror habe, ich wäre irgendwo angebunden. Ich glaube nicht, daß mein Freund mich plötzlich heiraten würde. Da müßte ich mich schrecklich in ihm getäuscht haben, ich kann mir das nicht vorstellen. Nein, nein. Ich würde es nicht wollen. Wenn er ein Kind wollte? Er hat ja ein Kind! Einen netten Jungen, den ich sogar sehr gerne mag. Elf Jahre alt. Ich habe Kinder sehr, sehr gerne. Meine Geschwister haben Kinder, bei denen ich das auch ein bißchen ausleben kann. Ich werde jetzt 40. Wenn ich mir vorstelle, jetzt ein Kind zu kriegen und damit 60 zu werden, bis es erwachsen ist, ist das für mich die absolute Horrorvorstellung. Ich habe meinen Job sehr gerne. Er kommt meiner Mentalität sehr entgegen. Ich möchte noch öfter reisen als bisher.

Meine Idealvorstellung ist, ein schönes altes Haus zu haben, in dem ich das Erdgeschoß bewohne und Robert die erste Etage. Er kann zu mir in den Garten kommen und ich zu ihm auf die Terrasse. Jeder hat seine Wohnung und kann einen eigenen Freundeskreis pflegen. Erotisch bin ich allerdings nicht so tolerant, das möchte ich nicht so gerne. Ich würde sicher darüber hinwegkommen, wenn mal etwas wäre. Ich glaube aber, wenn es erotisch zwischen uns nicht mehr stimmen würde und einer von uns das Gefühl hätte, er müßte da etwas anderes haben, könnte an diesem Punkt eine Art Scheideweg in der Beziehung einsetzen. So eine Beziehung, wie Alexa sie hat, wo der Mann jahrelang noch was mit seiner eigenen oder einer dritten Frau hat, wäre nichts für mich. Ich glaube, daß Alexas Beziehung dazu verurteilt ist, zu Ende zu gehen, weil sie andere Vorstellungen davon hat, wie sie ihr Leben leben möchte. Aber damals, als sie ihn kennenlernte, war dieser verheiratete Mann für sie genau das Richtige. Ihre Beziehung zu ihrem Mann war damals nicht mehr gut, nicht mehr lebbar, nicht mehr richtig. Und dann kam dieser Mann, der nicht sofort wieder den Platz des Ehemannes einnehmen wollte. Sie brauchte wohl diese Zeit, sich von der Ehe zu lösen. Und da war dieser Mann, der sie sehr verwöhnt hat und ihr alles gab, was sie in dem letzten Jahr ihrer Ehe sehr vermißt hat. Zärtlichkeit, Zuneigung, das Gefühl, eine tolle Frau zu sein. Alles, was sie da vermißte, hat er ihr gegeben, ohne zu sagen: Du bist mein. Das war zu dem Zeitpunkt genau das Richtige für sie. Ich glaube aber nicht, daß sie psychologisch prädestiniert ist für verheiratete Männer. Sie war es damals aufgrund ihrer Lebenssituation. Diese Phase dürfte sich langsam dem Ende zuneigen.

Bei mir ist das etwas anderes. Ich bin nicht auf der Suche nach dem Mann fürs Leben. Bei mir ist das Freiheitsbedürfnis stärker ausgeprägt. Es ist keine Bindungsangst. Der Begriff Angst ist für mich zu negativ besetzt. Wenn es Angst wäre, müßte das bedeuten, daß ich jetzt langsam weglaufe, wo ich merke, daß Robert sich mir mehr zuwendet. Und das ist nicht der Fall, ich bekomme keine Angst. Aber ich merke, wie er nun auch die Einstellung bekommen hat, sich selber der wichtigste Mensch zu sein. Es ist nicht mehr die Frau fürs Leben, die er sucht. Diesen Traum, diese Illusion, die wir alle irgendwie in uns haben, hat er aufgegeben. Darüber sind wir beide irgendwie hinaus. Das liegt auch an unserem Alter. Das haben wir inzwischen ausgelebt, verarbeitet. Es ist eine reifere Angelegenheit, zu sagen, ich lebe mein Leben, ich kann mir vorstellen, es mit einem anderen Menschen zusammen zu leben, aber der ist nicht das wichtigste für mich. Das wichtigste in meinem Leben bin ich.

Das Wörtchen »wir« brauche ich nicht, Alexa braucht es schon eher. Ich kann es anwenden, aber ich muß es nicht haben. Das Wort »ich« ist mir sehr wichtig.

Ich könnte mir vorstellen, daß ich, wenn die Beziehung zu Robert aus irgendeinem Grund zu Ende ginge, wieder die Tendenz hätte, mir einen irgendwie gebundenen Mann zu suchen, der mir meine Freiheit erleichtert. Aber ein verheirateter Mann, bei dem sich die Ehe auch noch im Bett abspielt, sollte es nicht gerade sein. Auf dem Gebiet möchte ich exklusiv sein. Gebundensein kann übrigens auch heißen mit dem Beruf verheiratet sein. Jedenfalls müßte es jemand sein, der mir nicht dauernd im Genick sitzt. Es muß ein Mann sein, der mich nicht vereinnahmen will, und die sind dünn gesät. Ich könnte mir auch jemanden vorstellen, der wirklich, durch Lebenserfahrung, durch eine Ehe oder Scheidung, so zu sich selbst gefunden hat, daß er sagt: Ich will nicht mehr so ein »wir«, sondern du bist ein Mensch, ich bin ein Mensch, wir können ein Stück unseres Weges zusammen gehen. Wer weiß, wie lange? Vielleicht geht es gut, vielleicht auch nicht. Die Hoffnung und die Bereitschaft sind da, aber nicht unbedingt dieses »Müssen«. Und genauso denke ich auch. Ich glaube, ich bin sehr stark. So alleine sein, ohne sich irgendwo anzulehnen, das können nur wenige. Und hier schließt sich der Kreis. Hier komme ich wieder zu meiner Kindheit, denn diese Stärke habe ich zu Hause bekommen. Diese Stabilität habe ich in meiner Kindheit bekommen, von Vater, Mutter, Opa, Oma, von meinem Opa vor allem, den ich sehr geliebt habe. Ich habe dieses Urvertrauen. Ich bin als Kind sehr geliebt worden, dadurch kann ich auch alleine stehen. Egal, was in meinem Leben gelaufen ist, ob ich in Rom oder in Köln, ob ich mit einem Mann aus Südamerika zusammen war oder was weiß ich, wenn ich nach Hause kam und komme, ist alles gut. Und diese Geborgenheit habe ich absolut verinnerlicht. Deswegen kann ich mich bei mir selber anlehnen. Ich bin der Überzeugung, daß die Ehe, überspitzt ausgedrückt, etwas für Neurotiker ist. Jeder, der bei sich zu Hause ist, muß das Zuhause nicht mehr anderswo suchen.

Judith K. ist zunächst das genaue Gegenteil ihrer Wohnungsgenossin Alexa W. Sie ist blond, groß und kräftig, spricht mit Bedacht, während Alexa W. nur so übersprudelt.

An Judith K. fallen einem sofort die enorme Ruhe, Zuversicht und Klarheit auf, die sie ausstrahlt.

Sie ist ehrlich, auch zu sich selbst. Auch im Leiden.

»Ich glaube, ich bin sehr stark«, sagt sie nachdenklich, »so alleine sein, ohne sich irgendwo anzulehnen, das können nur wenige.« Dieses Urvertrauen schöpft sie sicherlich aus der harmonischen Großfamilie, die sie geprägt hat. Aus der heraus sich aber auch ihr starker Freiheitsdrang erklärt. Ehe ist für sie ein »Dinosaurier«, Kinder liebt sie, will aber keine eigenen haben, um nicht »festgenagelt« zu sein.

Sollte ihre jetzige Beziehung scheitern, hätte sie »wieder die Tendenz zu einem gebundenen Mann, der mir meine Freiheit erleichtert. Ich brauche das Wörtchen ›wir‹ nicht. Alexa schon.«

Zur Zeit lebt Judith K. in der dritten Beziehung zu einem verheirateten Mann …

„Ich wollte nie mit dem unterm Tannenbaum sitzen“

Nadja Z., 50, Architektin, geschieden, ein Kind.

Ich bin in Berlin geboren. Bevor ich auf die Welt kam, hatte sich meine Mutter von ihrem ersten Mann getrennt, weil sie von ihm keine Kinder bekam, sich aber sehnlichst welche wünschte. Mein Vater war ebenfalls schon verheiratet, hatte zwei Kinder und war von Beruf Architekt. Meine Mutter verliebte sich in ihn und wollte ein Kind von ihm. So kam ich dann zur Welt. Für die damalige Zeit war meine Mutter eine ziemlich unkonventionelle Frau. Mein Vater wollte sich wegen meiner Mutter scheiden lassen, aber sie wollte das nicht. Ich wurde schließlich in der Familie meines Vaters voll anerkannt. Ich habe sogar mit seinen Kindern, also mit meinen Halbgeschwistern, gespielt. Der Frau meines Vaters hat das bestimmt nicht geschmeckt. Mein Vater blieb also auf Wunsch meiner Mutter verheiratet und hat mit seiner Frau sogar noch ein weiteres Kind bekommen. Meine Mutter bekam zu Hause keine Schwierigkeiten wegen ihres ledigen Kindes. Mein Großvater war General, sie stammte aus gehobener Schicht, aber es lief alles ganz locker. Meine Mutter wurde nicht verstoßen, weil sie die Lieblingstochter ihres Vaters war. Es war auch immer genug Geld da für meine Mutter.

Von meinem Vater hat sich meine Mutter dann wieder getrennt und nochmals geheiratet. Von diesem Mann hat sie sich bald darauf auch scheiden lassen und zog nach Bayern. Dort lernte sie meinen Stiefvater kennen. Zu dem hatte ich ein sehr gutes Verhältnis, er liebte mich sehr. Er war wesentlich älter als meine Mutter, und ich blieb das einzige Kind. Als meine Mutter gestorben war, hat mein Stiefvater rührend für mich gesorgt, ich konnte ihn um den Finger wickeln. Mein Stiefvater ging während der Ehe mit meiner Mutter immer noch zu seiner ersten Frau, die auch auf dem Land lebte, und meine Mutter hatte auch ihren Liebhaber, was zu der damaligen Zeit sehr auffiel. Ich bin also ziemlich frei aufgewachsen, habe die Konventionen gar nicht gelernt, die andere erst überwinden müssen.

Meine Mutter war eine sehr starke Persönlichkeit, unter der ich als Kind gelitten habe. Ich fühlte mich zwar geliebt, aber hatte wenig Selbstbewußtsein. Als sie starb, war ich siebzehn. Irgendwie lebte ich damals auf: Ich merkte, daß ich Verehrer hatte, und war froh darüber. Vorher hatte ich nur im Schatten meiner Mutter gestanden. Eigentlich war ich gar nicht traurig, als sie starb. Rückblickend sehe ich das anders, aber damals dachte ich, jetzt fängt mein Leben an.

Wenn ich an mein bisheriges Leben zurückdenke, war ich eigentlich dauernd verliebt. Als ich mit 21 heiratete, war ich keine Jungfrau mehr, mein Mann dagegen war noch ohne sexuelle Erfahrung, denn er kam aus einem sehr strengen Haus. Deswegen hing er sehr an mir. Als meine Schwiegereltern erfuhren, daß ich schon ein Verhältnis gehabt hatte – ich hatte es Jürgen ganz arglos erzählt und fand es ganz natürlich –, wäre es fast nicht zu dieser Heirat gekommen.

Am Anfang war ich sehr verliebt. Wir waren acht Jahre verheiratet und haben eine Tochter. Dieses Kind hat mir unwahrscheinlich viel Halt gegeben, ohne das Kind wäre ich nach der Scheidung wahrscheinlich sehr ins Schleudern gekommen.

Unsere Ehe ist hauptsächlich daran gescheitert, daß ich zu unreif dafür war. Ich war mir nicht bewußt, welche Verantwortung ich da auf mich genommen hatte und daß ich dazu hätte stehen müssen. Dies hat mich auch bis jetzt von einer weiteren Ehe abgehalten. Als ich Ende Zwanzig war, verließ ich meinen Mann. Wir ließen uns nicht scheiden und lebten zunächst getrennt. Ich zog zurück nach Berlin.

Am Anfang unserer Ehe habe ich studiert, auch Jürgen studierte noch. Als das Kind da war, habe ich dann nach dem Examen zwei Jahre nicht gearbeitet. Mein Mann hatte dann seine erste Stelle, wir lebten in Frankfurt. Dort kannte ich niemanden und bin beinahe jämmerlich eingegangen. Es gab nur eine Nachbarin, die auch ein kleines Kind hatte, und mit der mußte ich immer über Eheprobleme und Kuchenrezepte reden, das ging mir auf den Keks!

Diese Vereinsamung war mit ein Grund dafür, daß ich wegging aus der Ehe, ich wollte da raus. Im nachhinein würde ich sagen, daß ich meinen Mann geliebt habe, und wenn wir in Berlin gelebt hätten, wäre das auch alles anders gelaufen. Ich hätte mich vielleicht damals schon beruflich mehr engagieren können, wäre ausgefüllter gewesen.

Bevor ich meinen Mann verließ – die Koffer waren schon gepackt –, gerieten Jürgen und ich noch einmal in einen Honeymoon hinein, den kann man sich gar nicht vorstellen! In Berlin dann verliebte ich mich trotzdem, kaum angekommen, in einen verheirateten Mann. Der Mann war wesentlich älter als ich, mit ihm konnte ich wohl meine Vaterprobleme aufarbeiten. Ein fabelhafter Mensch, er hat mir sehr geholfen. Ich bin ja weitgehend ohne Vater aufgewachsen, das hat sich möglicherweise immer auf meine Partnerwahl ausgewirkt.

Ich war wahnsinnig verliebt, wir waren drei Jahre zusammen. Er hatte es sofort seiner Frau gesagt, und es war auch in unserem Freundeskreis bekannt, daß wir zusammengehörten. Er ist schließlich in das Haus gezogen, in dem ich wohnte, um mir näher zu sein. In dem Augenblick aber, als ich das Gefühl bekam, daß er mir näher rücken wollte, war es aus. Ich habe ein immenses Freiheitsbedürfnis ...

Ich habe jetzt seit etwa sieben Jahren Beziehungen zu zwei verheirateten Männern gleichzeitig. Bei dem einen kommt mehr das Geistig-Seelische zum Tragen, während es bei dem anderen noch immer »knistert«. Den zweiten möchte ich mal als meinen »Lover« bezeichnen. Mit ihm ging es auch schon ein paarmal auseinander und wieder zusammen. Früher dachte ich, daß in dieser Bindung überhaupt nur das Sexuelle eine Rolle spielt, aber inzwischen sind wir uns doch auch menschlich nähergekommen.

Ich war immer so, daß ich lieber gehe, als enttäuscht zu werden. Wahrscheinlich habe ich doch an meinen leiblichen Vater viele enttäuschte Gefühle geknüpft. Mach lieber Schluß, geh lieber fort, sage ich, geh irgendwo alleine hin, wo es auch andere nette Leute gibt, bevor ich warten, hoffen und leiden muß. Immer wenn ich im Begriff war, mich seelisch auszuliefern, kam der panische Rückzieher. Wahrscheinlich aus Angst vor Enttäuschung. Vielleicht habe ich im Zusammenhang mit meinem Vater Hoffnungen gehegt. Vielleicht habe ich mir diese Hoffnungen verboten ...

Mit dem »Lover« habe ich schöne Stunden zusammen erlebt. Man kennt ja den Ehetrieb und -trott. Wenn man dagegen Geliebte ist, freut man sich aufeinander, verbringt schöne Zeiten... Nicht, daß es bei uns nicht auch Knatsch gibt ab und zu, aber man nimmt sich doch anders zusammen, als wenn man morgens schon mit demselben Mann aufwacht wie seit Jahren.

Dieser graue Alltag ist für mich auch der Grund, warum Männer fremdgehen. Im Alltag kommt unweigerlich der Frust, auf Distanz aber macht man sich ein paar schöne Stunden und nimmt sich einfach mehr zusammen. Wenn man ausgeht, sieht man doch dauernd Ehepaare, die sich nichts zu sagen haben. Wenn ich dagegen mit dem »Lover« in ein Restaurant gehe, haben wir uns natürlich erst mal wieder viel zu erzählen, wollen uns unterhalten. Das ist einfach ganz anders, und das liebe ich sehr. Zwischendurch erlebt jeder wieder etwas für sich, und man bewahrt sich dadurch eine gewisse Romantik.

Ich bin sehr zufrieden als Geliebte, denn die Beziehung, die er mit mir hat, kann er nicht mit seiner Frau haben. Wenn er geht, bin ich ganz froh, denn dann kann ich wieder in mein Leben zurück, und man hat sich später wieder etwas zu sagen. Daß ich aber in seinem Leben wichtig bin, weiß ich, und er weiß es umgekehrt genauso. Ich fühle mich gut in der Rolle.

Der »Lover« hat am Anfang mal sehr unter unserem Verhältnis gelitten – er kommt aus sehr kleinbürgerlichen Verhältnissen – und hatte sogar Krankheitssymptome. Er war zwar auch vorher nicht immer treu gewesen und hatte seine Affären gehabt, aber nichts Ernstes. Unsere Beziehung hat ihm eine Zeitlang schwer zu schaffen gemacht. Und jetzt ist sein Sohn aus dem Haus gegangen, und er sitzt jetzt plötzlich alleine mit der Frau da, ohne Sohn als Blitzableiter...

Seine Frau muß es ahnen. Die ist auch so ähnlich wie die zweite Frau von Jürgen, sie sagt halt nichts, und beide sind zu verschlossen, um zu sagen, du, ich hab' da jemanden. Von mir aus bestand bei keinem von meinen Geliebten je der Wunsch, daß er sich von seiner Partnerin trennen möge. Vielleicht weil ich doch die Ehe im Grunde ernst nehme, aber Angst habe, das selber zu machen und zu verantworten.

Wenn es jetzt an der Tür klingeln würde und der »Lover« stünde draußen mit links und rechts einem Koffer, dann würde ich sagen, ja, für kurze Zeit kannst du bleiben, aber auf Dauer nicht. Man kann auch nicht in einer Junggesellenwohnung zusammen wohnen, das ist der Untergang der Liebe, man müßte Platz haben. Wenn jeder eine Etage hätte, das wäre wunderbar, egal, mit welchem Mann, aber dieses nahe Zusammenwohnen ... Und wenn er sagen würde, ich lasse mich sofort scheiden, jetzt wird geheiratet, würde ich auch nein sagen. Weil ich bei ihm wüßte, daß es zuviel Schwierigkeiten gäbe. Da ist nicht der gleiche »Background«, und das ist schon wichtig. Wie gesagt, der kommt aus einfachen Verhältnissen, und die Liebe wäre nicht groß genug, um das alles zu überbrücken. Das kann man mal vierzehn Tage im Urlaub machen. Er kann das, seine Frau sagt nichts, die ist klug, denn sie hatte vor Jahren einen Freund, bei dem sie alles exzessiv ausgelebt hat, und ihr Mann hat es gewußt. Und doch hat er meinetwegen ein schlechtes Gewissen.

Ich habe meinen Beruf und einen großen Freundeskreis. Es gibt ein paar, auf die kann ich mich verlassen, das ist schön. In meinem Freundeskreis werde ich irgendwo aufgefangen. Wenn man dagegen auf einen Partner fixiert ist, muß man ganz von vorne anfangen, wenn der geht oder stirbt. Ich finde es schön, daß der verheiratete Mann wieder geht, daß es keinen Alltag gibt, keinen Streit über lächerliche Kleinigkeiten. Man ist zusammen, ist glücklich, geht wieder auseinander. Und daß ich mein Freiheitsbedürfnis ausleben kann. Die Eifersucht fällt weg. Ich bin mein eigener Herr und kann kommen und gehen, wie es mir paßt. So, wie ich mir eine Ehe vorstelle, freut man sich immer aufeinander, man ist abends zusammen und geht zusammen aus und hat gemeinsame Freunde, das finde ich wunderbar, aber so einen, mit dem das geht, habe ich noch nicht gefunden.

Bei Jürgen gab es Schwierigkeiten anderer Art. Er kam aus einer großen Familie mit acht Kindern. Unser Streitpunkt waren meine Freunde und sein Clan. Er war nicht nett zu meinen Freunden und fand sie widerlich, ich fand hingegen seine Familie widerlich. Jetzt, wo ich Abstand habe, finde ich sie ganz besonders nett. Wegen solcher Sachen haben wir uns damals rumgeschlagen, statt einfach zu sagen, ich akzeptiere das. Der Grund dafür war eine gewisse Eifersucht.

Mit dem »Lover« arbeite ich einen großen Teil unserer Vergangenheit auf, mal konfrontiere ich ihn damit, mal er mich. Ich habe viel von ihm gelernt und denke, er hat auch von mir gelernt. Dadurch ist es eine ganz erfreuliche Partnerschaft.

Ein Nachteil ist natürlich schon, daß er irgendwann anfängt, auf die Uhr zu gucken, innerlich unruhig zu werden, und nach Hause gehen will. Einesteils, weil er muß, andererseits will er auch manchmal alleine sein. Er ist eigentlich jemand, der mehr alleine sein möchte als ich, ich bin nicht so gerne alleine, aber ich merke, jetzt muß er gehen. Und ich habe eigentlich nie gesagt, du, jetzt bleib! Aber sein Weggehen trifft mich nicht, ich spüre einfach, er muß jetzt gehen.

Richtige Leidenspunkte kann ich nicht nennen. Es gab auch nie einen Punkt, an dem ich mir dachte, mein Gott, jetzt möchte ich mit dem unterm Tannenbaum sitzen. Es ist auch nicht so, daß meine erwachsene Tochter da irgendwelche Bedürfnisse nach Familie bei mir abdeckt. Wir haben eine richtige Freundschaft miteinander, sie lebt ganz in der Nähe. Sie befindet sich in einer ähnlichen Situation wie ich. Witzig, wie sich das vererbt. Sie ist auch mit einem zusammen, der eine feste Beziehung hat, auch wenn er nicht verheiratet ist. Sie hat ja auch, wie ich, den ersten Mann in ihrem Leben verloren, ihren Vater, und ist immer auf der Suche nach ihm. Versucht, ihm zu gefallen, und wird immer wieder enttäuscht. Es ist faszinierend, wie sie das weiterlebt, was schon ihre Großmutter begann.

Beim »Lover« fing es mit der sexuellen Spannung an, und jetzt lernen wir uns erst vom Menschlichen, Persönlichen her kennen und auch schätzen.

Der »Andere« strahlt für jeden, der ihn kennt, unwahrscheinliche Herzlichkeit, Menschlichkeit, Klugheit aus, und das tut der »Lover« nicht. Man kann die beiden nicht vergleichen, man kann auch die Beziehungen nicht vergleichen. Der eine strahlt soviel Ruhe aus, während bei dem »Lover« dauernd Extreme aufeinandergeprallt sind.

Sie ist sehr keß, sehr schick, sehr berlinerisch und im Grunde – sehr scheu.

Das mag auch der Grund sein, weshalb sie »lieber geht, als enttäuscht zu werden«.

Nadja Z. wuchs ohne Vater auf, die Mutter starb früh. Verlassen zu werden, kann sie deshalb nicht mehr ertragen. Geht selbst oder sagt, daß ihr Trennung nichts ausmacht. »Sein Weggehen trifft mich nicht«, sagt sie leichthin, wenn ihr »Lover« heim muß zu seiner Frau.

Sie stellt den Freundeskreis, die Arbeit in den Mittelpunkt ihres Lebens. Das erscheint ihr verläßlicher.

»Wenn man auf einen Partner fixiert ist, muß man von vorn anfangen, wenn er geht oder stirbt.«

Ihr Vater ging, die Mutter starb.

Ist das die Wurzel ihres »enormen Freiheitswillens«?

„Weil er immer wieder geht, gibt es keine Konflikte mit meinen Töchtern“

Sonja A., 44, gelernte Schauspielerin, Inhaberin eines Friseursalons, geschieden, zwei Töchter

Ich bin seit sieben Jahren mit einem verheirateten Mann zusammen und genieße unsere Beziehung sehr. Karl gibt mir Kraft und Selbstvertrauen. Dadurch, daß er gebunden ist, habe ich die Chance, zu reifen und immer stärker zu werden. Ich kann heute weit besser auf eigenen Beinen stehen als während meiner Ehe. Mein Mann hat mich nur geduckt, mein Geliebter baut mich auf. Viel seelische Unterstützung habe ich in meinem Elternhaus nie erlebt. Meine Kindheit war alles andere als harmonisch. Meine Mutter hat meinen Vater auch ständig geduckt, wodurch bei ihm große Aggressionen frei wurden, die er dann an meinem Bruder und vor allem an mir ausließ. Ich habe solche Schläge gekriegt, daß ich in der Schule gestanden habe, weil mir der Hintern weh tat. Meine Eltern haben sich außerdem gegenseitig betrogen. Er konnte sich, obwohl sie ihm geistig unterlegen war, nicht gegen sie wehren. Merkwürdigerweise habe ich trotz der Prügel und sonstigen Ausschreitungen (er hat mich, als ich in der Pubertät war, sogar einmal mit der Pistole bedroht) die stärkere Bindung an meinen Vater, auch nach dessen Tod. Meine Eltern ließen sich nach 25jähriger Horrorehe scheiden. Ich war damals neunzehn. Meine Mutter ist einfach gegangen, und mein Vater hat uns Kinder gleich hinterher vor die Tür gesetzt. Bei mir hat er sich immer all das getraut, was er sich bei meiner Mutter nicht traute. Er hat zu Hause gearbeitet und sehr gut verdient. Er war ausgerechnet Kinderarzt mit einer florierenden Praxis, die im selben Haus war wie unsere Wohnung. Mich kann man wohl als höhere Tochter aus akademischer Familie bezeichnen. Das gilt aber nur für die Fassade unserer Familie. Mein Vater hat nicht nach uns gerufen, sondern gepfiffen wie nach einem Hund. Wenn wir nicht in kürzester Zeit da waren, setzte es Prügel. Getrunken hat er allerdings nie. Ganz im Gegensatz zu meinem Mann. Der war zwar kein Choleriker wie mein Vater, sondern das pure Gegenteil: Lahm, lustlos, immer müde und er trank. Daß ich diesen Mann geheiratet habe, ist auf meinen Vater zurückzuführen. Er hat mir zwar abgeraten, aber vorher hatte er mein Selbstvertrauen untergraben. Ich durfte nicht studieren, war immer die Dumme und Häßliche, die sowieso keinen Mann kriegen würde. Er konnte wirklich mit Kindern umgehen ...

Meinen Mann habe ich wohl deshalb geheiratet, weil ich mir gar keinen Besseren zugetraut habe. Er war natürlich verheiratet, ließ sich dann scheiden wegen mir.

Auch mein erster Freund war verheiratet, es war mein Schauspiellehrer. Er brauchte mich, um seine Ehe zu erhalten. Er nahm sich von mir, was in seiner Ehe fehlte, er hat mich eigentlich benützt. Ich hatte damals und auch später sehr wenig sexuelle Erfahrung, denn ich war zu ängstlich. Nach München bin ich dann gekommen, weil ich merkte, daß ich es als Schauspielerin nicht schaffen würde. Ich glaube, ich wollte mich durch diesen Beruf befreien, das ist mir aber nicht gelungen. Die Befreiung hat erst später geklappt.

Ich habe dann in München eine Friseurausbildung gemacht, die ich mir selbst verdienen mußte. Ich habe mein Elternhaus mit neunzehn verlassen, nicht ganz freiwillig, wie gesagt. Das waren dann sehr harte Jahre.

Für meine Mutter habe ich wenig positive Gefühle.

Ich ertrage ihre Besuche mit Anstand. Mehr nicht.

Zweimal hat sie schon Tabletten genommen, damit ich mich mehr um sie kümmere. Ich habe diese Psychomühle von damals immer noch nicht ganz überwunden. Mein Vater hat Selbstmord begangen mit Tabletten und vorher seinem Hund die Kehle durchgeschnitten. Ich war damals mit meiner einen Tochter schwanger, als es passierte. Am Abend vorher rief er an, er habe mir alles überschrieben und vermacht, sein ganzes Vermögen. Ich hatte so ein merkwürdiges Gefühl, auf das ich leider nicht gehört habe. Wenn mit meinem Vater was war, habe ich das immer gespürt. Zu meiner Mutter hatte ich nie einen Draht. Auch wenn er mich geschlagen hat, so hat er mich wenigstens berührt. Warum er mich geschlagen hat, haben wir leider nicht mehr besprechen können. Seine Entschuldigung war eigentlich, daß er mir alles vererbt hat. Das ganze erkleckliche Sümmchen ist leider ins Höschen gegangen, weil ich davon die Schulden meines Mannes bezahlen mußte. Aber das war ja mein Versagen.

Mit meinem Schauspiellehrer ging es zwei Jahre. Ich war auch mit seiner Frau befreundet: Sie wußte schließlich davon und hat es toleriert. Die Geschichte hat sich dann im Sande verlaufen, vielleicht hatte ich genug davon, wollte nicht mehr leiden. Merkwürdigerweise hat er mich weniger sexuell benützt, sondern mehr das Fröhliche, Lustige an mir. Ich bin immer der Clown gewesen. Mit mir konnte man jeden Schmarrn machen, jeden Blödsinn. Das war wahrscheinlich meine Art, die Tragödie meiner Kindheit zu kompensieren. Wenn ich kam, war eine Gesellschaft gerettet, jeder lud mich ein, weil dann was los war. Mit meinem Lehrer war die Beziehung eigentlich erfüllt, auch sexuell. Danach hatte ich in München länger keinen Freund, weil ich trotz meiner Clownallüren keinerlei Selbstbewußtsein hatte. Ich war sehr beliebt, weil ich immer lustig und leichtlebig wirkte. Jeder hat gemeint, die tut sich leicht, die schafft alles. Ich habe auch alles geschafft. Daß es dabei innerlich immer geknackst hat, das ging ja keinen etwas an...

Wenn die anderen dann abzogen, saß der Clown alleine da. Ich war mehrere Jahre in München allein, während der Ausbildung. Ich habe geschuftet, wollte mir was aufbauen. Das habe ich auch geschafft. Schließlich war ich mit einer Freundin, die an jedem Finger zehn Verehrer hatte, auf einem Mannequinball, und da lernte ich endlich jemanden kennen. Dem habe ich mich an den Hals geschmissen und wurde auch gleich schwanger. Ich habe das Kind erst im sechsten Monat wegmachen lassen...

Also wieder eine Pleite.

Meinen Mann lernte ich kennen, als ich auf Wohnungssuche war. Eine Freundin arbeitete mit der ersten Frau meines Mannes zusammen. Ich war Friseuse in einem Salon, hatte schon was zu sagen, beruflich war ich immer tüchtig, wenn man von den Schauspieleranfängen absieht. Ich wohnte dann zur Miete in seinem Haus, wo er mit seiner Frau wohnte. Er fing sehr bald mit dem üblichen

»Meine Frau versteht mich nicht« an. Kinder hatten sie keine, die Frau wollte nicht. Er war Angestellter, sechs Jahre älter als ich, und beide haben gesoffen. Er hieß mit Vornamen Werner wie mein Vater...

Ich habe von Anfang an gewußt, daß er säuft. Aber da kam dann bei mir der Helfertick auf, daß ich ihm unbedingt helfen wollte, um jeden Preis. Ich schaffe es, dachte ich, ich werde ihn ändern. Ich war nie in ihn verliebt, es war nur mein Rettungstick. Schlimmer noch: Ich dachte, jetzt habe ich einen, den kriege ich, jetzt werde ich es euch zeigen. Ich hatte ihn dann nach eineinhalb Jahren von seiner Frau losgeeist. Ich wollte diesen Mann, damit ich auch mal mitreden konnte. Wir haben lange hin und her gerungen, die Ehefrau hat auch gekämpft. Wir haben dann gleich nach seiner Scheidung geheiratet. Diesmal hatte ICH gewonnen, aber um welchen Preis! Wieder ein Strindberg-Drama, wie gehabt.

Er mußte für sie zahlen, und sie hat bis auf die Nägel in der Wand alles mitgenommen. Wir haben auch gleich Kinder bekommen, bei der Hochzeit war die Große schon drin. Die Ehe lahmte dann so vor sich hin, ich habe sogar versucht mitzutrinken. Dadurch habe ich versucht, ihn vom Alkohol wegzukriegen. Ich wollte, daß alle sagen, es ist eine ganz gute Ehe. Ich habe Feste gegeben und mich krummgelegt. Die ganze Zeit gearbeitet, meinen eigenen Salon aufgebaut.

Mein Mann war nie gewalttätig, er war das Gegenteil von meinem Vater, völlig desinteressiert. Aber er war halt ein Aushängeschild für mich, ein Ehemann zum Herzeigen. Daß ich so etwas damals nötig hatte, kann ich heute nicht mehr verstehen.

Während der Ehe war ich ihm treu. Geschieden bin ich seit 1982, die Kinder waren vier und acht. Die Ehe war durch den Alkohol total zerrüttet, im Bett lief natürlich auch nichts. Der aktuelle Scheidungsgrund war aber mein jetziger Freund. Der hat mir den Rücken gestärkt, diesen Schritt zu tun.

Er ist Schreiner und hat bei uns im Haus viel gemacht. Finanziell war ich in der Ehe anfangs ja abgesichert, Hausbesitz, er arbeitete, ich arbeitete, deshalb ließen wir im Haus viel ausbauen. Wir haben andauernd umgebaut, da konnten wir dann darüber reden, und wenn es dann fertig war, war wieder Stille. An Herkunft und

Bildung war mir mein Mann weit unterlegen, der Schauspieler dagegen stand vom Niveau her weit über mir. Mein jetziger Freund hat auch nicht den Background, aber von der Intelligenz her hätte er jedes Studium geschafft.

Er war also bei uns als Handwerker bekannt, und nun wollte ich eines Tages eine neue Küche haben. Es war damals schon merkwürdig: Irgend etwas knisterte plötzlich. Seine Frau saß daneben, es knisterte dennoch. Wir hatten damals beide eingeladen, denn sie waren schon zweimal zu Festen bei uns gewesen. Wahrscheinlich war ich einfach reif und fällig in dem Moment und Karl auch, denn wir kannten uns schon länger, ohne daß sich etwas getan hatte. Auf einmal war es da. Er hat zwei Kinder und wohnt hier ganz in der Nähe, ist ein wohlbestallter Mann.

Daß ich mich nun schon mit dem dritten verheirateten Mann abgebe... Ich habe mich an dem Tag Hals über Kopf in ihn verliebt, und das war ein Gefühl, das ich überhaupt nicht kannte. Ich finde, er sieht gut aus. Das Gefühl war sehr stark, bei ihm auch. Ein Anfaßmann, das kannte ich überhaupt nicht. Wir sind nun schon seit sieben Jahren zusammen. Durch diese Beziehung habe ich den Absprung aus meiner Ehe geschafft, sonst wäre ich heute schon unter der Erde. Ich fürchte, ohne Karl hätte ich ausgeharrt, aus Dummheit und aus mangelndem Selbstbewußtsein. Mein Mann hat mir immer gesagt, nach dir schaut sich doch nicht mal mehr ein Italiener um.

Die Kinder haben kaum mehr Erinnerungen an ihren Vater. Ich gehe mit ihnen in keinen Biergarten mehr, weil er schon zweimal plötzlich vor ihnen stand, sie angestarrt hat und dann gegangen ist. Sie haben sehr gelitten. Er hat keinen Kontakt mehr, er kann nicht, die Gehirnzellen sind geschädigt, er hat auch schon zweimal im Leberkoma gelegen.

Den Karl mögen die Kinder sehr. Sie sagen beide oft, das wäre toll, wenn er mal mit uns Urlaub machen könnte.

Am Anfang hoffte ich sicherlich, wenn ich mich scheiden lasse, läßt Karl sich auch scheiden. Abgesprochen war aber nichts. Inzwischen habe ich meine Einstellung sehr geändert. Ich bejahe die Situation, weil ich gemerkt habe, wie ich daran wachse.

Karl läßt sich, obwohl er sagt, ich sei seine große Liebe, nicht scheiden, weil er dann keine Möglichkeit mehr hätte, frei zu leben. Die ganze Familie, die Sippe hätte vor allem finanziell die Möglichkeit, ihn fertigzumachen.

Vielleicht hängen diese Beziehungen zu verheirateten Männern damit zusammen, daß mein Vater auch mit einer bösen Frau verheiratet war und ich gegen sie gekämpft habe, um ihn für mich zu haben. Das mag wie ein Film sein, der abläuft.

Vielleicht ist es mir deshalb unterschwellig so angenehm. Jedenfalls geht es mir sehr gut. Ich arbeite mit Volldampf, meine früheren Wehwehchen und psychosomatischen Leiden sind alle weg. Die Scheidung war auf jeden Fall eine Befreiung, die ich ohne Karl nicht gewagt hätte. Ich glaube auch, daß ich meinen Kindern heute die bessere Mutter bin. Ich akzeptiere jetzt den Zustand mit Karl ganz und gar. Ich mußte lange kämpfen gegen dies Gefühl: Es gibt mich ja noch immer nicht, denn ich existiere ja in seinem Kreis für niemanden. Seine Frau weiß zwar genau Bescheid. Aber sie wird sich hüten, ihn vor die Entscheidung zu stellen; sie hofft, daß es im Sande verläuft. Außerdem ist sie froh, wenn sie sexuell ihre Ruhe hat. Übernachten tut er nie bei mir, er fährt auch nicht mit ins Wochenende oder gar in den Urlaub. So streng verheiratet ist er.

Anfangs hat mich das sehr stark belastet.

Aber langsam habe ich gemerkt, daß ich dadurch die Möglichkeit habe, so zu leben, wie ich es für richtig halte. Ich muß mich nicht mehr anpassen. Leider habe ich manchmal noch Anfälle von Chamäleonhaftigkeit und passe mich ihm an, wenn er da ist. Aber ich merke, wie ich immer stärker werde. Ob ich mich heute noch den ganzen Tag, am Wochenende, drei Urlaubswochen, mein Leben lang anpassen könnte oder wollte, weiß ich nicht. Ich habe dadurch, daß er in seiner Ehe verharrt, die Möglichkeit, zu mir selbst zu finden. Zum ersten Mal in meinem Leben. Wenn er da ist, gehört er mir. Wenn er weg ist, kann ich meinen Stiefel weitermachen. Den mußte ich ja überhaupt erst entwickeln. Überdies: Die Kinder kriegen mit, daß er einiges von mir abzieht, wenn er da ist, und sind deshalb heilfroh, wenn er wieder weg ist. So gesehen ist ein verheirateter Mann, der wieder geht, auch sehr angenehm für eine alleinerziehende Mutter: Es gibt keine Konflikte mit den Kindern. Sie haben mich bald wieder für sich allein, das wissen sie. Sie sind jetzt kritische Teenager und würden jeden, der hier als Stiefvater in unser Haus ziehen wollte, wegbeißen.

Bei meiner chaotischen Familiengeschichte finde ich es heute sehr wichtig, daß ich mich selbst erstmals ausprobieren und versuchen kann, eigenständig zu leben. Ich fürchte, wenn ich mit Karl verheiratet wäre, würde ich vielleicht wieder in die alten Raster zurückfallen, mein gerade erst erwachtes Ich wieder aufgeben. Und das will ich keinesfalls.

Ich bin dabei, an mir zu arbeiten, mein Raster zu ändern. Das tue ich seit Jahren. Ich kann mit Karl über all das reden. In meine Arbeit redet er mir überhaupt nicht rein, da habe ich allerdings immer schon gewußt, wo es langgeht. Er hat als verheirateter Mann auch keine Möglichkeit, mir zu sagen: Du hörst jetzt auf mit deinem Geschäft, ich will, daß du den ganzen Tag kochst. Das könnte ich auch heute nicht mehr, ich würde mich weigern.

Ich glaube schon, daß er mein Traummann ist und es auch bleiben wird. Er ist drei Jahre älter als ich. Mir ist das Sexuelle auch sehr wichtig, vor allem, weil bei meinem Mann ja jahrelang nichts mehr lief. Im Grunde habe ich noch nie so empfunden wie bei Karl. Aber das ist es nicht alleine, es paßt halt auch alles andere zusammen. Gewiß auch, daß er verheiratet ist.

Er hat natürlich auch etwas von meinem Vater: Er hat das gleiche Leben wie er. Seine Frau behandelt ihn genauso schlecht. Und ich bin wieder die Dritte im Bunde ...

Allerdings malträtiert er mich nicht, er tut mir nur gut, er hilft mir, mit meiner Horrorkindheit, mit meinen ganzen Problemen besser fertig zu werden. Unsere Beziehung ist noch immer so intensiv und positiv wie am Anfang. Wir haben noch nie Streit gehabt, ich mußte mich noch nie ihm zuliebe zu etwas zwingen, das ist doch genau das Zeichen. Ich muß auch nicht für ihn kochen, er kommt zum Frühstück oder zur Brotzeit. Weihnachten ist überhaupt keine Klippe, weil ich da ja mit den Kindern feiern will. Im Urlaub mache ich gern was allein, gehe ins Museum, das ist er sowieso nicht gewöhnt.

Ich sehe immer mehr, wie mich die Tatsache, daß er gebunden ist, zur Reifung zwingt, zur Selbständigkeit. Ich glaube, wenn es so weitergeht, brauche ich niemanden mehr zum Anlehnen, kann ich alleine stehen.

Es gibt natürlich auch Leidenspunkte in der Beziehung, die ich klar sehe. Er ist zum Beispiel nicht da, wenn ich ihn brauche, und ich muß mit meinem Problem allein fertig werden. Und auch mit meiner Riesenliebe warten, bis er wieder da ist. Ich sehe es als Charakterstärke an, daß er in seiner Ehe bleibt, das ist keine Schwäche, denn ich hätte von ihm nichts, der wäre nach einer Scheidung kaputt. Ich könnte mir dagegen gut vorstellen, noch zwanzig Jahre so weiterzumachen wie bisher. Von meiner Seite ohne Vorbehalte. Ach ja: Sehr positiv ist auch noch an so einer Beziehung, daß immer Spannung zwischen uns herrscht. Er kann sich meiner überhaupt nicht sicher sein, und ich habe auch öfter Angst, daß sich seine Frau doch noch ändert und er plötzlich geht. Dadurch ist immer eine starke erotische Spannung da zwischen uns. Das genieße ich sehr. Wenn ich da an meine Ehe denke...

Als negativ empfinde ich die Tatsache, daß ich mich nirgends mit ihm sehen lassen kann. Aber insgesamt würde ich mich, so, wie ich heute lebe, mit meinem Geschäft, den Kindern und dann und wann dem Karl, als zufriedene Frau bezeichnen. Es ist das erste Mal in meinem Leben, daß ich nicht in einer Katastrophe stecke. Ich übe jetzt schon, es mir schön zu machen, wenn die Kinder in ein paar Jahren aus dem Haus gehen. Tagsüber habe ich ja meine Arbeit, die mir sehr viel Spaß macht. Ich habe sehr nette Kontakte zu Kundinnen, da haben sich richtige Freundschaften, auch mit Ehepaaren, entwickelt. Ich habe viele Interessen und lese viel. Die Kinder sind ja jetzt bereits ziemlich oft weg. Ich habe also Zeit, mich vorzubereiten auf die neue Situation, wenn sie aus dem Haus gehen.

Wenn Karl morgen mit mir Schluß machen würde, könnte ich auch alleine stehen. Inzwischen schon. Es hat Zeiten gegeben, da habe ich gedacht, das schaffe ich nicht mehr, ich habe schon zuviel ertragen müssen. Aber inzwischen weiß ich, daß ich eine Art Stehaufmännchen bin. Mich kann man ungespitzt in den Boden schlagen, und ich komme wieder hoch. Ich würde vielleicht sogar daran wachsen. Vielleicht kommt dann endlich bei mir das hoch, was mir schon in der Jugend gefehlt hat: Jetzt erst recht! Jetzt habe ich endlich Selbstvertrauen, und das habe ich nur Karl und – so paradox das klingt – seiner Ehe zu verdanken. Er hat mich so weit gebracht, wie ich heute bin.

Manchmal kommt mir sogar der Gedanke, es noch einmal mit der Schauspielerei zu versuchen, nur um mir selbst etwas zu beweisen. Ich glaube, jetzt würde ich es können...

Sonja A. hat seit sieben Jahren einen verheirateten Freund und »genießt es sehr«. Alles an ihr wirkt weich und fraulich, das zarte Gesicht, die Figur, sogar die Hände sehen weich aus, teils mütterlich, teils schutzbedürftig.

Ihre Kindheit war chaotisch, der Vater sadistisch, die Mutter kalt. Sonja A. wurde mißhandelt, seelisch und körperlich.

Ihre Ehe mit einem Alkoholiker scheiterte, ihre Ambitionen als Schauspielerin ebenfalls. Immer noch hat Sonja A. »die Psychomühle von damals nicht ganz überwunden«. Aber sie ist auf dem besten Wege dazu.

Der erste Schritt waren ihre beiden Kinder. Die Verantwortung stärkte ihr den Rücken. Dennoch fand sie erst den Mut zur Trennung, als sie ihren jetzigen verheirateten Freund traf. Ihn sieht sie heute als ihre »Befreiung«.

Sie hat sich mit seiner Hilfe befreit aus einer unerträglichen Ehe, von psychosomatischen Krankheiten, von mangelndem Selbstvertrauen. »Ich bejahe die Situation inzwischen voll und ganz.«

Der Hauptgrund: Sonja A. sieht sich seit der Begegnung mit dem dritten verheirateten Mann in ihrem Leben als bessere Mutter. Weil er »wieder geht und es keine Konflikte mit den Kindern gibt«.

„Wenn ich eine Tochter hätte, würde ich ihr raten, die Finger von verheirateten Männern zu lassen“

Alexandra von R., 31, Juristin bei einer Großbank, ledig

Meine Familie ist adelig, wir hatten früher Grundbesitz in Ostpreußen, größere Ländereien und Güter, die ich selbst nie gesehen habe. Das ist natürlich alles verloren. Mein Vater ist ebenfalls Jurist und in leitender Stellung. Aufgrund dieser Position war immer genügend Geld da, wir hatten ein sehr großes Haus und Personal. Meine Mutter ist ein sehr musischer Mensch, sie hat als Flötistin in Orchestern mitgespielt. Und nachdem ihre vier Kinder aus dem Haus waren, hat sie ganz neu angefangen, sich zu orientieren. Vorher hat sie sich doch mehr um uns gekümmert, und ihre Karriere lief so nebenbei.

Die Ehe meiner Eltern ging 1969 auseinander, nach sechzehn Jahren. Mein Vater hatte sich einer zwanzig Jahre jüngeren Frau zugewandt, mit der er heute verheiratet ist. Wir Kinder haben damals alle den Kontakt zu ihm abgebrochen, wir haben das wohl alle nicht akzeptiert und verkraftet, daß er die Familie verlassen hat. Wir liebten alle das Familienleben, unsere Mutter hat es uns nahegebracht. Die Scheidung ging mir sehr nahe, und ich gehe deswegen sehr viel vorsichtiger an Bekanntschaften und Beziehungen heran. Daran mag es wohl liegen, daß ich bis jetzt noch nicht verheiratet bin.

Vor der Trennung meiner Eltern habe ich deren Ehe und unser Zuhause als absolut harmonisch empfunden. Es war eigentlich eine Filmehe. Ich habe eine zauberhafte Kindheit erlebt. Daß alles so harmonisch war, lag an meiner Mutter, sie war der Familienmittelpunkt. Mein Vater war sehr viel auf Geschäftsreisen unterwegs, später dann auch aus anderen Gründen. So war zwangsläufig immer meine Mutter die treibende Kraft. Zu ihr hatte ich auch immer die intensivere Beziehung. Meine Geschwister haben vor kurzem auf Anregung meiner jüngsten Schwester den Kontakt zu meinem Vater wiederaufgenommen, aber ich habe bis heute den Kontakt zu ihm völlig abgebrochen. Daß mein Vater plötzlich eine andere hatte, kam wie aus heiterem Himmel. Er war damals 46 und die Frau 29. Und, Ironie des Schicksals, als ich meinen Bekannten kennenlernte, war ich auch 29 und er 46.

Meine Mutter hat die Trennung damals sehr tief getroffen. Auch für mich war das ein Riesenschock, gerade im Teenageralter, wenn man dabei ist, seine Rolle als Frau zu definieren, und sich mit seiner Mutter doch sehr stark identifiziert. Ich war vierzehn Jahre alt.

Mein Vater, ein bis dahin absolut zuverlässiger Mann, hatte sich als unzuverlässig erwiesen. Das wirkte sich natürlich auf mein Verhältnis zu Männern aus. Ich wurde wahnsinnig vorsichtig. Als ich dann mit neunzehn meine erste Beziehung hatte, sie dauerte vier Jahre, nahm ich immer an, daß dieser Mann genauso reagieren würde wie mein Vater.

Ich war deshalb sehr zurückhaltend, übermäßig ängstlich. Mein erster Freund hat sich aber absolut konträr zu meinem Vater verhalten. Er war 34. Man sagt ja immer, die erste Liebe im Leben einer Frau sei die ausschlaggebende und wichtige. Und so war es auch bei mir. Er hat meiner Persönlichkeit absolut freien Lauf gelassen und mich immer ganz vorsichtig in eine Richtung, nicht unbedingt in seine Richtung, gelenkt. Wir sind heute noch in Kontakt. Er lebt in Paris. Er hatte aber ganz andere Lebensanschauungen als ich, deshalb haben wir uns getrennt. Ich schätze ihn nach wie vor sehr als Mensch und er mich sicher auch. Er hat inzwischen auch wieder eine andere Partnerin, ist, glaube ich, jetzt auch verlobt.

Ich hatte in meinem Leben bisher nicht mit vielen Männern Beziehungen. Nach dieser ersten Beziehung und nach dem Abschluß meiner Banklehre ging ich zum Studium nach Paris. Meine Mutter hat mir bei diesem Ortswechsel nicht dreingeredet. Sie hat mich eigentlich immer tun lassen, was ich für richtig hielt. Sie selbst hatte gleich nach dem Studium geheiratet und kannte, bis auf die Scheidung, die Härten des Lebens nicht. Etwa ein Jahr nach der

Scheidung war sie wieder liiert und ist heute mit einem Musiker zusammen. Sie ist jetzt wieder eine glückliche Frau. Sie hat ihr ursprüngliches Interesse, die Musik, zur Grundlage ihrer Existenz gemacht. Aber sie möchte nie mehr heiraten, sondern eigenständig bleiben, jeder hat seine eigene Wohnung.

Diese Vorsicht meiner Mutter hat sich bei mir fortgesetzt, zum einen wegen der Scheidung meiner Eltern und zweitens wegen der ständigen Probleme, die sich aus der Ehe meines jetzigen Bekannten ergeben.

In Paris lernte ich dann wieder einen Mann kennen. Auch eine große Liebe, aber anders. Wir begegneten uns in einem Café. Er saß mir gegenüber, ich las gerade »Rouge et Noir« von Stendhal, er sprach mich auf dieses Buch an. Am nächsten Tag zogen wir zusammen. Heute würde ich so etwas nicht mehr machen. Ich bin sehr sensibel und kann solche Sachen nicht verkraften, wenn sie dann nicht klappen. Wenn man hart ist mit sich selbst und das Ganze als Spiel betrachtet, dann ist es o. k. Aber ich binde mich nicht mehr so schnell.

Diese Beziehung dauerte drei Jahre. Nach einem halben Jahr waren wir verlobt und wollten heiraten. Mit ihm habe ich richtig gelebt, das erste Mal in meinem Leben, das bis dahin noch nicht so fürchterlich aufregend gewesen war. Dazu noch in Paris. Dort habe ich eigentlich alles gemacht, was das Leben so bietet. Und das möchte ich in der Erinnerung nicht missen.

Alles änderte sich dann durch meinen Vater. Damals hatte ich noch Kontakt mit ihm. Das ging aber von ihm aus, er rief hin und wieder an. So rief er eines Tages an und sagte, was willst du denn mit einem Franzosen, außerdem sieht die wirtschaftliche Lage in Frankreich schlimm aus, Rezession und so. Er beeinflußte mich sehr stark, und ich habe mich darauf von dem Freund mehr und mehr zurückgezogen.

Mein Vater hatte durch seine Stellung gute Kontakte und hat mich bei den einflußreichsten und größten Kanzleien in Deutschland untergebracht. Mein Studium war zu Ende, und mein Vater hat mich nach Deutschland zurückgelotst. Wie von ihm gewünscht, ging damit die Beziehung zu dem Franzosen zu Ende. Er hoffte wohl auch, daß ich mich nun endgültig etwas mehr zu ihm orientiere statt zu meiner Mutter. Das wollte ich aber absolut nicht. Um meine Geschwister hat er sich genauso bemüht. Bei denen ist es ihm auch besser gelungen, sie haben jetzt wieder intensiven Kontakt zu ihm.

Ich hätte meinen Vater zwischen vierzehn und 25, in der Pubertät und als junge Frau, wirklich gebraucht. Heute bin ich 31, habe meinen Beruf, habe mir alles selbständig geschaffen und muß niemandem danken. Ich habe mein Privatleben. Jetzt bringt mir ein Kontakt zu meinem Vater gar nichts mehr, ich wüßte nicht, was ich ihm sagen sollte. Das klingt zwar hart, aber er war nicht da, als ich ihn brauchte, und jetzt brauche ich ihn nicht mehr. Ich weiß nicht, was ich mit ihm soll, es wäre Zeitverschwendung.

Jedenfalls scheiterte die Beziehung zu dem Franzosen, und das habe ich meinem Vater schon übelgenommen. Ich hätte einfach nicht reagieren sollen, aber er hat einen irrsinnig überzeugenden Charakter und ist zudem ein Demagoge. Mein damaliger Freund und ich, wir waren halt noch nicht so gefestigt in unseren Ansichten.

Nach einem Intermezzo mit einem Österreicher habe ich meinen jetzigen Bekannten, Marc, kennengelernt, und zwar im Wald. Das kam so: Meine Mutter hatte mit ihrem Freund, der ja Musiker ist, ein Konzert in Garmisch. Im Laufe des Abends schlug sie einen Waldspaziergang vor. Wir gingen dann mit meiner Schwester durch den Wald, Marc kam uns entgegen, wir haben uns ganz normal unterhalten. Das Interesse ging, glaube ich, mehr von ihm aus, obwohl ich seine Augen sehr schön fand. Ganz meerblaue Augen zu blonden Haaren.

Marc ist von Beruf ebenfalls Musiker. Wir haben uns dann wiedergesehen, uns angerufen, so hat sich das Ganze entwickelt. Daß er verheiratet war, hat er mir zunächst nicht gesagt. Das ist schon seine zweite Ehe. Er sagte irgendwas von einer Frau, mit der er in Scheidung leben würde oder schon geschieden wäre, irgendwas in der Richtung. Nach vier Wochen hat er mir dann erzählt, daß er ein Kind hat, eine kleine Tochter. Wir kannten uns da schon recht gut, er sagte, ich könne ihn verlassen, wenn ich wollte. Aber ich war schon sehr verliebt und hatte den Mut nicht mehr. Gestört hat es mich allerdings doch, vor allem, weil die Frau mit so unfairen Methoden kämpfte. Er lebte aber damals schon getrennt von ihr.

Das Ganze hat sich dann recht unerquicklich entwickelt. Es zeigte sich, daß die Frau psychisch nicht ganz in Ordnung war. Aus einer früheren Ehe hat er noch eine Tochter, aber die ist schon zwanzig.

Zeitweise spielten sich Tragödien ab. Marc und seine Frau hatten zusammen ein Haus, das mußten sie natürlich aufgeben. Er hat sich dann eine sehr schöne Wohnung genommen. Die Frau lebt jetzt hier ganz in der Nähe. Sie ist absichtlich in die Nähe gezogen, um ihn unter Druck zu setzen, und ist oft bei ihm. Die Ehe ist bis jetzt noch nicht geschieden. Er läßt sich nicht scheiden, weil seine Frau an das Vermögen möchte. Sie arbeitet halbtags als Chemikerin, hat also mit seiner Welt überhaupt nichts zu tun.

Ein starkes Band zwischen Marc und mir ist dagegen die gemeinsame Liebe zur Musik. Ich bin in fast allen Konzerten, bei denen er mitwirkt.

Marc will jedoch nicht, daß wir zusammenleben. Er möchte nicht noch einmal eine Enttäuschung erleben nach zwei kaputten Ehen. Demnächst wird er 49. Er bremst in jeder Beziehung, auch gefühlsmäßig. Das kommt vor allem dadurch, daß sie ihn so verletzt hat. Wir waren einmal drei Wochen auf Konzertreise in Spanien, da verhielt er sich ganz anders.

Sie beschimpft ihn auch immer auf abscheuliche Art, und das, obwohl sie aus gutbürgerlichem Hause stammt. Sie klammert sehr. Sie stand auch mal hier vor dem Haus und beschimpfte ihn. Da habe ich aber noch so getan, als gehörte ich nicht zu ihm, ich wollte mich nicht einmischen. Er lebt seit drei Jahren getrennt von ihr. Sie hat Angst. Sie ist absolut gegen die Scheidung, sie will, daß er zu ihr zurückkommt. Das würde aber eine Katastrophe werden. Sie ist von sich hundertprozentig überzeugt und glaubt, daß sie die richtige Methode anwendet, um ihn zurückzugewinnen. Sie sieht übrigens süß und zauberhaft aus. Sie war in allen Punkten seine erste große Liebe. Er sagt, daß er innerlich überhaupt keine Bindung mehr an sie hat. Ich weiß nicht, ob das stimmt. Er versucht, sich gefühlsmäßig zu verbarrikadieren.

Der Vorteil meiner Beziehung zu einem verheirateten Mann, der keine Bindung und Ehe will, ist, daß ich tun und lassen kann, was ich will. Ich werde nicht eingeengt und bin bei allen möglichen Parties und Veranstaltungen dabei, auch wenn er keine Lust hat. Es gibt ja Männer, die die Frauen einengen. Aber ich betrachte uns absolut als Paar. Wenn er dabei ist, stehe ich zu ihm. Wir fahren gemeinsam in Urlaub, planen die Wochenenden gemeinsam. Der einzige Unterschied ist, daß wir nicht zusammen wohnen.

Er möchte eben seine Freiheit haben, er möchte ungebunden sein, möchte tun und lassen, was er will. Aber ich glaube ihm, daß er mir treu ist. Wenn er das nicht wäre, würde ich die Konsequenzen ziehen und die Beziehung beenden. Denn dann würden die Nachteile überwiegen. Ich würde das auch fertigbringen, denn ich will ja leben, ich stehe mir ja immer noch am nächsten.

Ich habe mein eigenes Leben, meinen Job, mein social life. Aber er tritt in meinem Freundeskreis voll in Erscheinung. Neulich war bei einer Freundin eine riesige Hauseinweihung, und da ist er auch dabeigewesen. Wir treten bei so etwas immer gemeinsam auf.

Gefühlsmäßig überwiegen die Nachteile. Ich würde mich gerne binden, diesen Mann heiraten, Kinder kriegen. Aber das sind alles Träume, ich sehe das mit ihm inzwischen nicht mehr im Bereich des Möglichen. Ich würde das jederzeit gerne realisieren. Dafür würde ich jeden anderen in der Ecke stehenlassen. Aber das ist alles absolut utopisch. Innerlich sehe ich nur einen Ausweg: Es müßte mir noch einmal einer über den Weg laufen, der genauso wäre wie er. Ansonsten käme ich von Marc nicht los. Die andere Alternative ist, daß ich auf Ehe und Kinder verzichte und beruflich weitermache.

Ich könnte mir vorstellen, noch in zehn Jahren mit diesem Mann zusammenzusein. Ich habe mir da eine Marschroute zurechtgelegt. Wir waren jetzt öfter auf dem Land. Wir hätten beide gerne eine Wohnung dort. Wir müßten uns das Leben dort eben zusammen finanzieren. Ich stelle mir vor, mit ihm zusammen ein Haus zu haben, wo man sich immer zusammenfindet, und eben in getrennten Wohnungen zu leben. Und ich hoffe, daß er dann zu mir Vertrauen findet. Anders geht es nicht. Er wird ja auch älter und will dann auch mal wissen, wo er hingehört. Dann kommt auch die Angst hinzu, im Alter allein zu sein. Ich könnte mir schon vorstellen, daß das alles klappt. Wir sehen uns ja hier auch häufig, zwei-, dreimal die Woche, und am Wochenende bin ich meistens bei ihm.

Also ich habe nicht alle Hoffnung aufgegeben. Aber wenn es nicht anders geht, dann muß man hart sein und sich trennen. Festhalten möchte ich, daß ich meine Unabhängigkeit und meine berufliche Position genieße. Nebenbei mache ich noch eine Gesangsausbildung bei einer sehr bekannten Opernsängerin. Ich hatte sogar einmal überlegt, ob ich umsatteln soll, aber diesen Gedanken habe ich wegen der starken Konkurrenz inzwischen aufgegeben. Ich bin auch mit 31 schon zu alt dafür. Aber vielleicht kann ich irgendwann trotzdem auftreten. Meine Lehrerin meint, ich sei als Sopranistin für das lyrische Fach geeignet und sie könne mich im Kantatenbereich unterbringen. Das würde mich wirklich reizen. Als Kind wollte ich immer Klavier lernen. Ich hatte auch frühzeitig Klavierunterricht und habe bestimmt Begabung dazu. Wegen der Schule habe ich aber dann aufgehört.

Wenn ich eine Tochter hätte, die in derselben Situation wäre wie ich jetzt, würde ich ihr allerdings raten, die Finger von verheirateten Männern zu lassen und sich anders zu orientieren. Ich leide wirklich viel.

Zum Ausgleich kriege ich als leitende Juristin in gesicherter Position viele Komplimente und könnte in meinem Beruf noch weiter aufsteigen. Ich habe Erfolg. Nicht selten fragen mich meine Vorgesetzten um Rat, und sie schätzen meine Arbeit. Ich leite Verhandlungen und reise beruflich öfter ins Ausland. Dies ist mein Gegenpol. Ich fühle mich stark und bin selbstbewußt. So vergesse ich oft mein Privatleben. Marc bewundert mich zwar auch, aber ich muß mich dauernd mit seinen Lebensproblemen auseinandersetzen.

Meine Mutter weiß von alldem nichts. Ein Glück, denn es würden ihr gewiß die Haare zu Berge stehen! Meine Schwester dagegen rät mir dringend, mich von Marc zu trennen, weil ich mit ihm nur meine schönsten Jahre als junge Frau drangäbe. Meine Schwester ist härter als ich, die rettet sich immer aus prekären Situationen. Ich bin mehr wie meine Mutter, ein sehr gefühlsbetonter und musischer Mensch.

Ich habe bestimmt auch Chancen bei anderen Männern. Aber, um es ganz deutlich zu sagen: Sie sind mir alle egal. Im Beruf werde ich sehr bestätigt, aber im Privatleben kommt dann immer der Dämpfer.

Marc nimmt mich überall mit hin, zu seinen Freunden zum Beispiel, sonst würde ich das alles auch nicht mitmachen. Sonst hätte ich das Gefühl, nicht für voll genommen zu werden, nur ein Betthupferl zu sein, und das möchte ich nicht. Ich bin eine Frau, ein Partner, ich stehe zu ihm, ich befasse mich mit seinen Problemen, gebe ihm Tips und Hinweise. Nur allein fürs Bett fühle ich mich zu schade.

Neulich war ich mit Marc auf einem Fest, und da lernte ich einen sehr netten Juristen kennen, mit dem ich mich wunderbar verstand. Schließlich haben sich Leute aus derselben Branche immer was zu erzählen. Er interessierte sich aber offensichtlich auch ernsthaft für mich und fragte mich in Gegenwart von Marc nach meiner Adresse. Marc fand das gar nicht lustig und war sogar ein bißchen eifersüchtig.

Diese ganze Problematik zerrt eben doch sehr am Gemüt. Aber trotz alledem sehe ich doch, daß Marc unheimlich viele Vorteile hat, mehr als irgendein anderer bisher. Daß ich mit diesem Mann sozusagen das Problem, das ich mit meinem Vater habe, ausagiere, glaube ich nicht. Daß Marc wesentlich älter ist als ich, stört uns beide nicht, das ist für uns einfach Zufall.

Wichtig ist für mich, daß ich beruflich und im Bereich der Musik ein Ziel habe. Das macht mich stark und gibt mir immer neue Impulse. Ich sehe mich in einem Jahr als Leiterin einer vergrößerten Abteilung oder vielleicht auch in vergleichbarer Position in einem anderen Unternehmen – wo, weiß ich noch nicht.

Alexandra von R. kann ihre Rolle als Geliebte nur vorübergehend ertragen. Lieber würde sie sich binden, »diesen Mann heiraten und Kinder kriegen«. Aber das sind Träume, denn ihr Partner ist noch verheiratet, fürchtet eine neue Bindung. Im Gegensatz zu meinen anderen Gesprächspartnerinnen ist der jetzige Zustand für sie kaum auf Dauer akzeptabel, sie ist nicht zufrieden.

Groß ist sie, wie ein Fotomodell, mit einem schönen, ernsten Gesicht, die langen blonden Haare wie zufällig hochgesteckt. Ihr

Zuhause brach auseinander, als sie vierzehn war, der Vater verließ die Familie wegen einer anderen Frau. Sie hat den Kontakt zu ihm abgebrochen, er hat ihr zu weh getan. Könnte Marc, ihr Freund, ihr »Reservevater« sein? Alexandra von R. lehnt das ab. Aber Marc ist wesentlich älter, sie liebt ihn, und er tut ihr weh wegen einer anderen ...

Sie holt sich im Beruf die Bestätigung, die sie dringend braucht. Macht Karriere. »Im Beruf werde ich sehr bestätigt, aber im Privatleben kommt dann immer der Dämpfer«, sagt sie.

„Wir leben eigentlich wie in einer Großfamilie. Seine Frau und ich rufen uns immer gegenseitig an, wenn wir wissen wollen, wo er gerade ist“

Anja L., 47, Maklerin, geschieden

Ich heiße Anja, bin 47 Jahre, Maklerin und selbständig. Ich stamme aus einem gutbürgerlichen Elternhaus in Hannover. Meine Eltern hatten ein Reisebüro. Ich bin das einzige Kind und habe meine Kindheit und das Familienleben als sehr harmonisch in Erinnerung – Schule, Gymnasium, Tanzstunde, Couleurdame, das Übliche.

Meine Eltern haben sich sehr gut verstanden, es war eine konventionelle Ehe, der Mann war der Chef des Hauses. Ich bin also kein gestörtes Kind aus einer zerrütteten Ehe.

Meine strenge Erziehung kam sicher durch die übergroße Liebe und Sorge um das einzige Kind. Ich war ein überbehütetes Kind. Mit fünfzehn ging ich in die Tanzstunde, manchmal wollte man sich dann noch treffen. Alle durften es, nur ich nicht. Ob meine Eltern keine Kinder mehr bekommen konnten oder nicht wollten, weiß ich nicht. Meine Eltern leben noch, und mein Verhältnis zu ihnen ist gut.

Ich habe nach Beendigung der Schule, die ich mit der mittleren Reife abschloß, ein Jahr die kaufmännische Handelsschule besucht. Das Abitur hätte ich wohl nicht geschafft, ich hatte keine Lust. Ich habe nicht gern gelernt, mir lag das nicht. Ich war zu abgelenkt und habe jedes bißchen Freizeit ausgenutzt, die Schule geschwänzt, damit ich auch wohin kam. Meine Eltern sagten immer, ich müsse erst nach Hause kommen, dann dürfte ich weg. Und wenn ich dann zu Hause war, durfte ich nie. Also habe ich es auf diesem Wege versucht. Das war aber – so meinte ich – nicht meine Welt. Ich war eine sehr gute Zeichnerin und wollte immer auf die Werkkunstschule. Meine Eltern waren dagegen. Es war die Zeit mit Juliette Greco, wir fanden das alles toll, und ich wollte eben unbedingt auf die Werkkunstschule, was ich auch durchsetzte. Eigentlich wollte ich Modezeichnerin werden, was nicht ging, weil ich in Handarbeit eine Fünf hatte. Und alles, was man entwirft, muß man auch zuschneiden können. Also habe ich dreieinhalb Semester Textil- und Tapetenentwurf gemacht.

Meine ersten Liebeleien gestalteten sich ganz schwierig. Es ging nur heimlich. Ich durfte nur mit Studenten weggehen, und die gefielen mir nicht. Ich hatte immer einen Hang zu reiferen Männern. Diese jungen Knaben haben mich gar nicht interessiert. Sie holten mich von zu Hause ab, und brachte einer meiner Mutter keine Blumen mit, dann taugte er in ihren Augen schon nichts. Meine erste ernsthafte Freundschaft hatte ich sehr früh für damalige Verhältnisse. Ich war verliebt, daß es Liebe war, würde ich nicht sagen.

Hamburg war so etwas wie die Traumstadt für mich. Ich dachte an Ferne und Reisen. Also bin ich mit achtzehn bei Nacht und Nebel von zu Hause abgehauen. Ich habe bei einer Freundin gewohnt, die aus einem reichen Elternhaus stammte. Sie hatte das gleiche Problem wie ich, aber sie hatte noch Geschwister. Auch sie wollte auf eigenen Füßen stehen und wurde ebenfalls von ihren Eltern in eine Richtung gelenkt, in die sie nicht wollte.

Meine Eltern ließen mich mit Interpol suchen, und eines schönen Tages stand mein Vater vor der Tür. Sie waren von den Eltern meiner Freundin informiert worden. Mein Vater nahm mich mit nach Hause – das war nach vierzehn Tagen –, und dann konnte ich nach langem Hin und Her und Bitten und Betteln offiziell nach Hamburg.

Ich hatte einen ungeheuren Freiheitsdrang, stand voll in Opposition zu meinen Eltern. Mir war alles egal. Ich wollte allein sein, ich wollte nach Hamburg. Ich durfte ja zu Hause nichts allein tun, nicht einmal anziehen, was ich wollte. Es war ja nicht so wie heute, daß die Eltern eine freundschaftliche Beziehung zu ihren Kindern haben, es war eine autoritäre Beziehung. Ich war von meiner Mutter nie aufgeklärt worden.

Heute ist das Verhältnis zu meinen Eltern zwar gut, aber sie sind immer noch »Eltern«, die möglichst alles wissen wollen. Ich habe immer noch das Gefühl, überwacht zu werden, wenn sie kommen. Ich geniere mich sogar heute noch, wenn es im Fernsehen zu einer Kußszene kommt. Ich suche Ausreden, um dies nicht mit meinen Eltern gemeinsam ansehen zu müssen. Der Druck von damals ist geblieben.

Ich setzte also durch, allein in Hamburg zu leben. Eine Ausbildung machte ich nicht, sondern verdiente mir mein Geld in einem Büro. In dem Haus war unten ein Nachtlokal, da ging ich abends hin. Man tanzte, und dort lernte ich meinen Mann kennen.

Eines Tages fragte der Besitzer, ob ich nicht in dem Lokal aushelfen könnte. Da dachte ich mir, ob ich nun vor der Bar sitze und Geld ausgebe oder hinter der Bar Geld einnehme, ist eigentlich dasselbe. Also fing ich dort zu arbeiten an. Ich habe sehr viel mehr verdient, natürlich auch viel mehr ausgegeben. Ich konnte mir plötzlich alles kaufen und habe das genossen. Ich arbeitete mit der Frau eines bekannten Sängers zusammen.

Eines Tages kamen meine Eltern, und mein Vater zog mich aus der Bar heraus. Das war peinlich für mich, weil ich mich so erwachsen fühlte. Sie dachten natürlich, ich wäre weiterhin im Büro. Ich hatte mir sogar eine Menge Briefpapier mitgenommen, um diese Sache zu kaschieren.

Eines Tages machte John G. eine Serie über junge Leute in Hamburg. Er wollte eine Aufnahme von mir. Ich hockte als Kühlerfigur auf seinem Jaguar. Das Foto erschien mit folgendem Text: »Antje, neunzehn Jahre alt, drehte ihrem Elternhaus in Hannover den Rücken, um in Hamburg Karriere zu machen.« Und das mit dem damaligen Playboy Jonny G., dann noch auf einem Jaguar, und ich hatte mir ganz helle Haare machen lassen, hochtoupiert, so, wie es Mode war, mit Lidstrichen und blassem Lippenstift wie Brigitte Bardot.

Meine Eltern sahen das Bild in der Zeitung. Meine Mutter sagte nur: »Willy, das ist nicht unser Kind!« Ich wohnte zu der Zeit im Hotel B. und war immer noch nicht großjährig. Mein Vater ist zurückgefahren, ist zu diesem Herrn W. gegangen. Sie waren alle sehr auf meiner Seite. Herr W. hat dann mit meinem Vater gesprochen, ihn beruhigt, hier verkehrten Studenten und dergleichen.

Für meinen Vater war das natürlich furchtbar. Seine Tochter in einer Bar, mit Alkohol und Männern. Natürlich waren in unserer Bar auch Frauen, aber es war halt eine Bar. Und eine Bar paßte überhaupt nicht in das Konzept meiner Eltern.

Ich habe – notgedrungen – dann ganz schnell geheiratet. Ich habe den Mann zwar gemocht, es war schon eine Liebesheirat, aber es war halt eine Kinderehe. Er war auch nur zwei Jahre älter als ich, Metzger von Beruf, aus einer großen Metzgerfamilie. Er selber hatte diesen Beruf eben ergreifen müssen aus der Tradition der Familie heraus. Dabei war er alles andere als ein Metzger. Er konnte kein Blut sehen und war dann im Baugeschäft tätig.

Die Ehe dauerte vier Jahre. Während dieser Zeit arbeiteten wir beide und sorgten gemeinsam für unseren Unterhalt. Die Ehe scheiterte daran, daß er mich laufend betrog, laufend verrückte Dinge tat, weil er selber noch nicht reif für eine Ehe war. Er hatte einen Freund – es war der langjährige Freund einer bekannten Schauspielerin –, und dieser Freund hat im Grunde genommen unsere Ehe zerstört. Immer wenn dieser Freund kam, war der die Nummer eins. Für ihn ließ er mich allein zu Hause sitzen und zog mit ihm ab.

Wir hatten ein Kind, ein Mädchen, Jasmine, das mit eineinhalb Jahren gestorben ist, vermutlich an einem Virus. Eigentlich war es ein Name, der überhaupt nicht zu dem Nachnamen des Kindes paßte, weil ich denke, Vornamen müssen doch ein wenig zum Nachnamen passen. Aber mein Mann wollte es so. Das war natürlich eine furchtbare Situation damals für uns, aber heute, wenn ich ehrlich bin, muß ich sagen, daß ich es vergessen habe. Ich denke sehr selten daran.

Bald danach, noch während der Ehe – mit 23 Jahren –, lernte ich meinen jetzigen Partner kennen. Allerdings lebte ich schon von meinem Mann getrennt und arbeitete wieder in einem Nachtlokal. Ich weiß, daß dies kein so angesehener Beruf ist, aber mir hat es Spaß gemacht. Ich kam mit Leuten zusammen, und so wie heute war es ja damals nicht. Für meine Eltern war es natürlich schrecklich – sie empfanden diesen Umgang mit Männern als unsittlich.

Solange ich mit meinem Mann zusammenlebte, war ich ihm auch treu. Meine Liebschaften hatte ich vor der Ehe. Im Grunde bin ich treu. Es war mit meinem jetzigen Partner – beiderseitig – Liebe auf den ersten Blick. Er ist dreizehn Jahre älter, was man aber nicht sieht.

Daß er verheiratet ist, wußte ich nicht von Anfang an. Das habe ich erst später erfahren. Für mich war er der wohlhabende Geschäftsmann aus holsteinischer Provinz, der in Hamburg ein wenig flott leben wollte. Er kam eigentlich nach Hamburg, um auszugehen und Liebschaften zu haben, während seine Familie zu Hause war. Inzwischen sind auch die Kinder erwachsen.

Ich kannte ihn vom Sehen, er hatte jedesmal eine andere Freundin dabei. Und irgendwann bin ich halt doch schwach geworden und dachte mir, jetzt bist du auch eine von den vielen. Jetzt wird er sich wahrscheinlich nicht mehr sehen lassen. Es war mir zwar nicht egal, aber eigentlich habe ich mich mehr geärgert darüber, daß ich mich hatte herumkriegen lassen. Aber was soll's. Und jetzt werden es 25 Jahre, daß wir zusammen sind!

Zu Anfang wollte ich überhaupt keine feste Bindung. Ich war vielmehr froh, daß ich mich von meinem Mann ein wenig losgeeist hatte, ich war mit dieser Beziehung überhaupt noch nicht fertig, wollte auch ein wenig frei sein. Insofern paßte der verheiratete Mann gut. Er brachte das Erfreuliche, Nette, stellte aber keine Ansprüche. Und ich war glücklich, daß ich auch mal schön ausgehen konnte. Wir trafen uns ein-, zweimal im Monat, denn er kam nur geschäftlich hierher. Mir gab er zunächst einfach Bestätigung. Eines Tages holte er mich überraschend vom Friseur ab. Ich konnte es kaum fassen, war ziemlich aufgeregt, weil ich mich freute. Wir gingen essen, ich brachte kein Wort heraus, meine Knie zitterten, ich brachte nichts runter, war absolut high. Es war das richtige große Gefühl, das ich noch nie erlebt hatte. Von da an kam er immer öfter und immer mehr.

Ich wohnte mit einer Freundin zusammen in einer Zweizimmerwohnung. Wir teilten uns die Miete. Und diese Wohnung gefiel ihm nicht. Er wollte mit mir eine neue Wohnung suchen, weil er eine Wohnung »ohne Vergangenheit« wollte. Zu dieser Zeit wußte ich dann auch schon, daß er verheiratet ist. Niemand hatte es mir erzählt, obwohl sie es alle wußten. Ich kam auch überhaupt nicht auf die Idee, daß er verheiratet sein könnte. Er war so burschikos, jungenhaft, Mitte 30, da habe ich wirklich keine vier Kinder vermutet. Er leitete einen großen Metallbetrieb, einen uralten Familienbetrieb.

Ich gab allerdings meinen Beruf nicht auf, weil ich erlebt hatte, wie viele Mädchen aus einer solchen Situation heraus einfach alles aufgegeben hatten und dann plötzlich wieder auf der Straße saßen. Ich wollte nicht, daß mir das passiert. Ich habe gespart – mir eine Existenz als Maklerin aufgebaut, ich kannte ja viele Leute. Ich wollte einfach viel Geld verdienen, wollte angenehm leben.

Er nahm dann eine größere Wohnung für mich. Dann kam er immer öfter, nur an den Wochenenden nicht. Das dauerte so etwa ein halbes Jahr. Ich war in dieser ersten Zeit schon etwas einsam, aber mein Beruf lenkte mich ab.

Es stand zu der Zeit überhaupt nicht zur Debatte, daß er sich von seiner Familie trennen wollte. Eigentlich war mir das auch egal. Ich dachte nur daran, mich auch einmal verwöhnen zu lassen, schön auszugehen und trotzdem meine Freiheit zu haben. Ich habe sie allerdings nicht ausgenutzt. Es war das große Aufatmen nach der langen Unterdrückung durch meine Eltern, die ich als schrecklich empfunden hatte. Aber ich stellte ganz schnell fest, wie sehr ich gefühlsmäßig an ihm hing, und ich habe schon darunter gelitten, daß er an den Wochenenden und Feiertagen nicht da war. Diese Zeiten empfand ich als tödlich. Aber er wollte seine Familie erhalten, das war mir natürlich klar.

Er wollte dann wissen, woher ich käme, und eines Tages schrieb ich meinen Eltern, daß sie ihn auf einer Ausstellung treffen könnten. Meine Eltern waren glücklich, daß ich inzwischen geschieden war. Sie machten mir sogar ein Geschenk, denn mein Mann hatte ihnen nicht gefallen. Also trafen sie meinen neuen Bekannten auf einer Messe, tranken miteinander Kaffee. Meine Eltern waren restlos begeistert, wußten aber nicht, daß er verheiratet ist.

Zu dieser Zeit hatten wir bereits die neue Wohnung, und er war auch schon an den Wochenenden bei mir. Während der Woche arbeitete er in seinem Betrieb. Mit seiner Frau hat es wohl begreiflicherweise böse Auseinandersetzungen gegeben, aber im einzelnen bin ich nicht darüber informiert. Ich dachte nur, was sie verkehrt macht, mußt du richtig machen, also ihn nicht anbinden, keinen

Druck ausüben, lockerlassen, sich nicht eifersüchtig geben, alles runterspielen, damit er nie lügen muß. Denn wenn man Männer so richtig festkettet, fangen sie eben irgendwann an zu schwindeln, weil sie doch das machen, was sie wollen, und wenn es heimlich ist.

Eines Tages also standen meine Eltern vor der Tür, ganz ernst. Mein Vater hatte eine Auskunft eingeholt. Mein Vater sagte zu ihm: Herr S., ich muß mit Ihnen von Mann zu Mann reden. Meine Mutter ging inzwischen mit mir ins andere Zimmer und redete auf mich ein. Und da sagte er dann zu meinem Vater, daß er mich heiraten wolle. Er sagte es nicht zu mir, sondern zu meinem Vater. Ich war natürlich hingerissen, daß ich jetzt diesen Mann auch noch heiraten sollte, meinen Traummann, der er heute noch ist.

Mein Vater fragte natürlich, wie er mich denn heiraten wolle. Er sei schließlich verheiratet, habe vier Kinder. Darauf antwortete er, daß es seiner Frau nach einer Scheidung nur bessergehen würde. Das liefe alles und würde geregelt. Mein Vater sagte dann, daß er nicht wolle, daß das Glück seiner Tochter auf dem Unglück einer anderen Frau aufgebaut würde. Ich selber hatte keine Schuldgefühle der Frau gegenüber. Ich kannte sie nicht, und ich wußte, daß er ohnehin weg war von zu Hause, wenn nicht mit mir, dann mit einer anderen. Mit dieser Tatsache hatte die Frau vorher gelebt, und damit würde sie immer leben müssen.

Ich bin sehr kontaktfreudig, wenn ich auch nie mehr in eine Bar ging. Ich wollte da eigentlich nicht mehr hin. Ich wollte mein Privatleben von alldem trennen. Den Billy-Club habe ich zunächst nur mit ihm besucht, und dadurch fand ich dann auch viele Bekannte. Man ging miteinander aus. Ich habe mich mit den Frauen angefreundet, und daraus ist das über die Jahre gewachsen. Diese Kontakte waren mir auch für meine Maklertätigkeit sehr nützlich. In all den Jahren war ich ihm immer treu, hätte auch kein Bedürfnis gehabt, es nicht zu sein.

Nach dreizehn Jahren unserer Beziehung, als er mit seinem Werk in Konkurs ging, wollte ich seine Frau kennenlernen. Ich dachte, wie wird das sein? Werde ich den Mut haben, da zu klingeln? Er war ja in Hamburg, bei mir. Er wußte nicht, daß ich dies tat.

Ich sagte ihr, ich wolle mich einmal vorstellen, es seien so viele Jahre ins Land gegangen. Ich war angenehm überrascht von ihr. Sie hörte mir ruhig zu und sagte, sie wisse, daß ihr Mann mich gerne habe. Sie erklärte auch offen, daß die Ehe nur noch auf dem Papier bestehe. Sie war mir auf Anhieb sympathisch, was wohl auf Gegenseitigkeit beruhte. Vielleicht hatte auch sie mich nicht so gesehen, wie ich war. Sie wußte immer von seinen Affären und dachte sicher, die wird auch eine von den vielen sein. Ich habe ihr erkärt, daß ich niemals vorher einen verheirateten Mann als Freund gehabt hätte, daß ich ihn einfach mögen würde. Sie sagte dann, daß es ihr im Grunde lieber sei, daß er eine feste Geliebte habe, wo sie ihn auch erreichen könne und wisse, wo er sei, als wenn er bei wechselnden Partnerinnen wäre.

Dann schlug sie vor, ihn anzurufen. Sie hat ihn angerufen in Hamburg. Sie fragte, ob er mich suchen würde. Für mich war das keine schöne Situation. Ich wußte nicht, wie er reagieren würde, weil ich es schließlich hinter seinem Rücken getan hatte. Ich fuhr später ganz langsam nach Hause, weil dieses ganze Ereignis wie ein Film vor mir ablief.

Auch zu seinen Kindern gibt es inzwischen einen guten Kontakt. Sie kommen oft zu uns, helfen, wenn etwas zu reparieren ist. Zwei sind bereits verheiratet. Inzwischen rufen seine Frau und ich uns gegenseitig an. Wenn er noch nicht da ist, rufe ich sie an und frage, ob ich ihren Mann sprechen könne. Sie ruft bei mir an, fragt nach ihm. Sie nennt ihn beim Vornamen, ich sage immer »Ihr Mann«. Ich habe immer Respekt vor dieser Frau gehabt. Sie ist immerhin die Mutter seiner Kinder, sie ist eine gute Mutter und gute Hausfrau.

Ich wurde zweimal schwanger von ihm. Beim ersten Mal habe ich die Schwangerschaft unterbrochen. Beim zweiten Mal war ich 38 Jahre und hätte es noch in der Hand gehabt, ein eigenes Kind zu haben. Aber nachdem er schon vier Kinder hat und ich gemerkt habe, daß er nicht sehr erbaut davon war, wollte ich es nicht. Unsere Freizeit hätte darunter gelitten. Allerdings hat es mich einiges gekostet, ich brauchte schon eine Zeit, um damit fertig zu werden. Ich empfand ja meine Verhältnisse nicht als so geordnet. Und ich wollte nicht, daß unsere Verbindung durch ein Kind gefährdet wurde.

Wenn ich mir überlege, welche Vorteile es hat, daß der Mann meines Lebens verheiratet war und ist, kann ich sagen, daß die Vorteile schon überwiegen. Ich habe teilweise voll von ihm gelebt, hatte ein schönes Leben mit ihm, auch gesellschaftlich ein schönes Leben. Ich mußte mich nicht verstecken, ich wurde offiziell in den Freundeskreis eingeführt. Im Grunde war die Ehefrau ein Schattenwesen, während ich seit 25 Jahren in der Hamburger Gesellschaft als vollwertige Partnerin auftrete. Man spricht von uns wie von einem Ehepaar. Die Vorteile überwiegen also deutlich.

Das Gefühl war lange sehr intensiv, ich war in ihn bestimmt fünfzehn Jahre lang sehr verliebt. Es ist erst seit vielleicht vier bis fünf Jahren wesentlich ruhiger geworden, ich habe heute mehr ein freundschaftliches Gefühl für ihn entwickelt. Ich kann mir aber nicht vorstellen, daß ich mich jemals noch in einen anderen verlieben würde. Er war und ist einfach mein Leben. Und ich will mein Leben auch mit ihm weiterleben.

Leidenszeiten gab es nur zu Anfang, als ich erfuhr, daß er verheiratet war, und ich eben automatisch als Freundin galt. Inzwischen bin ich zwar voll akzeptiert, aber daran habe ich viel gearbeitet. Denn zuerst waren alle sehr vorsichtig, es wurde zwar nichts gesagt, aber man spürt es ja, daß sie ihm zuliebe auch zu mir freundlich waren. Trotzdem wurde ich von den Ehefrauen natürlich mit Vorsicht genossen, im Hinblick auf die eigenen Männer.

Ich hätte nie darauf gedrängt, daß er sich scheiden läßt. Ich hatte immer Angst davor. Wenn er damals wirklich seine Frau schnell und einfach mit den Kindern verlassen hätte, dann hätte ich mir sicher gedacht, es könnte mir ebenso passieren, und ich habe noch nicht mal Kinder. Mir war auch die Verantwortung zu groß, hier zu drängen. Ich hatte Angst, daß mir das vielleicht einmal vorgeworfen werden würde.

Wenn er heute käme und sagte, er hätte nun die Scheidung eingereicht, würde ich weder einen großen Luftsprung machen noch sonst etwas. Es gab natürlich eine Zeit, in den ersten fünf Jahren, wo ich noch nicht einen so großen Freundeskreis hatte und auch gern geheiratet worden wäre. Inzwischen bin ich aber beruflich und gesellschaftlich etabliert, und deshalb finde ich das nicht mehr nötig. Vielleicht ist auch meine Gelassenheit deshalb größer, weil das Gefühl nicht mehr so groß ist nach so vielen Jahren.

Wenn er sich heute von mir trennen wollte, wäre zwar auch die Trauer nicht mehr so schlimm wie früher, aber allein die Gewohnheiten, das Gefühl, es wäre keiner mehr im Hintergrund, der mich achtet oder mich begleitet in meinem Leben, das wäre schon schlimm. Ich habe das Gefühl, daß wir zusammengehören. Die Kinder kommen her, eigentlich leben wir wie in einer Großfamilie. Ich hätte auch Silvester in der Familie verbringen können. Die Weisheit hat sich über diese ganzen Beziehungen gesenkt. Die Frau ist in einem Alter, in dem sie dieser Lebensform auch mit großer Gelassenheit gegenübersteht. Sie hat ihren eigenen Kreis, ich habe meinen Kreis hier, er pendelt dazwischen.

Anfangs habe ich gelitten, daß er nicht immer hier war. Er sagte dann, Vertreter kämen auch nur am Wochenende nach Hause. Und ich habe es mir dann auch so vorgestellt.

Die Kinder nehmen mir nichts übel. Sie waren sehr früh im Internat, also haben sie den Vater nicht wegen mir vermißt. Nun sind zwei verheiratet, leben ihr eigenes Leben. Da er auch immer wieder zu Hause gewesen ist, haben die Kinder eigentlich nicht leiden müssen.

Zu vererben gibt es nichts mehr. Er hat ja zweimal sehr viel Pech gehabt. Das Haus wird auf seine Frau überschrieben worden sein. Ich denke mir, ich habe zwanzig schöne Jahre gehabt, und jetzt ist es halt weniger schön. Aber es war auch unsere wichtigste Zeit, und selbstverständlich teile ich jetzt auch die weniger gute Zeit mit ihm.

Gut, ich habe meine besten Jahre an einen verheirateten Mann gehängt, aber ich war selbst schon einmal verheiratet. Jeder Tag vergeht, ob glücklich oder unglücklich, älter wird man in jedem Fall. Und nachdem ich schon kaputte Ehen gesehen habe, wo die Partner zwar verheiratet waren, aber gelitten haben, und ich habe – mit einem verheirateten Mann – nicht gelitten, sah ich kein Hindernis. Es hätte ja auch sein können, daß ich allein geblieben wäre. Ob ich dabei glücklicher gewesen wäre, weiß ich nicht.

Noch einmal machen würde ich das alles aber wohl nicht. Er war zwar mein erster Mann, der verheiratet war, aber ich würde nie mehr einen verheirateten Freund nehmen. Ich habe Glück gehabt in dieser Beziehung, weil ich mich inzwischen auch mit der Frau und der Familie verstehe. Aber für gewöhnlich dauern solche Beziehungen ja kaum länger als fünf Jahre. Ich glaube zwar nicht, daß die Freundin grundsätzlich den kürzeren zieht, weil es darauf ankommt, was man selber von dieser Verbindung hält. Er hatte ja wirklich vor, mich zu heiraten, nur lebte damals seine Mutter noch, und sie hatte alle Fäden in der Hand, sie wollte ihn enterben meinetwegen. Als sie dann gestorben war, dachte ich anfangs schon, jetzt gebe es ja kein Hindernis mehr, jetzt könnten wir heiraten. Aber dann sind die Jahre einfach so verflossen, und ich habe immer mehr Dinge kennengelernt, die mich abgelenkt haben, es war eines Tages kein Bedürfnis mehr vorhanden.

Es hat ja alles seine Vor- und Nachteile. Die zwei bis drei Tage in der Woche, in denen ich allein bin, kann ich mich meinen Freunden und Geschäftskontakten widmen. Mein Tagesablauf ist ganz normal. Aufräumen, Dinge für ihn erledigen, mit dem Hund spazierengehen, ich mache geschäftlich vieles per Telefon, bringe zwei Leute zusammen, verkaufe etwas, also der Tag ist ausgefüllt.

Anja L. ist seit 25 Jahren »Zweitfrau«. Anfangs, das betont sie, hätte sie ihren Gefährten gern geheiratet. Aber heute? »Ich habe im Laufe der Jahre immer mehr Dinge kennengelernt, die mich abgelenkt haben, es war eines Tages einfach kein Bedürfnis mehr vorhanden.« Der Fuchs und die Trauben?

Wohl kaum. Anja L. ist vital, attraktiv und vor allem sehr direkt. Ob Barfrau oder zeitweise ausgehalten, sie beschönigt nichts. Weder vor sich noch vor anderen. Über ihre gesellschaftlichen Kontakte wuchs sie in die Rolle der selbständigen Frau hinein, wurde Maklerin, nabelte sich ab. Inzwischen ist die Beziehung ruhiger, wie eine Ehe nach 25 Jahren eben auch ...

INTERVIEWS
MÄNNER

„Anfangs hat ihr wohl der Ehemann einer anderen ganz gut in den Kram gepaßt. Sie trennte sich gerade und baute sich beruflich etwas auf.“

Walter V., 43, Schmuckhändler, verheiratet, drei Kinder
Freund von Alexa W.

Meine Frau und meine Freundin haben genau die gleiche kecke Art. Sie könnten Zwillingsschwestern sein. Lustigerweise sind sie auch noch beide vom Tierkreiszeichen her Zwilling. Ich kenne Alexa jetzt seit vier Jahren, sie ist die erste ernsthafte Beziehung neben meiner Ehe. Vorher gab es schon mal was, aber nichts Tieferes.

Ich bin 43 Jahre alt, habe Abitur gemacht und dann in Zürich Kunstgeschichte studiert. Ich stamme aus einem kleinen Ort bei Zürich, lebe und arbeite immer noch dort. Meine Mutter war aus einer Kaufmannsfamilie und mußte schon früh im Geschäft einspringen. Sie war die Älteste von vier Kindern, aber sehr stark auf einen Bruder bezogen. Auch in meiner Kindheit war ihr Bruder, mein Onkel, oft wichtiger für sie als mein Vater. Den Bruder hat sie angehimmelt, er war die letzte Instanz bei uns. Der Onkel war sehr tüchtig, hat in der Schweiz ein kleines Imperium aufgebaut mit über zwanzig Filialen.

Meine Mutter war eine sehr dominante Frau, eine sehr intelligente Frau, auch gebildet und sehr attraktiv. Mein Vater ist aus dem Bauernstand, jedoch Akademiker. Meine Mutter war bei den beiden immer der aggressivere Teil, er der schüchterne. Meine Mutter starb früh an Krebs, gerade als mein Sohn geboren wurde. Meine Frau und ich mußten damals heiraten, es war entsetzlich, wir waren verfemt, weil sie schwanger war. Das war damals noch so. Wir durften nicht in der Kirche am Ort heiraten, sondern mußten nach außerhalb in eine kleine Dorfkirche ausweichen.

Meine Mutter war im Betrieb sehr dynamisch, sie hat mit brutalem Einsatz gearbeitet. Meine ältere Schwester und ich waren viel allein. Wir hatten ein Dienstmädchen, die Mutter war nie da: Sie war eben im Geschäft. Das war schon schwer für uns. Wenn ich eingeladen war zu Schulfreunden zum Lernen und man hat plötzlich um vier Uhr nachmittags etwas zu essen bekommen, dann war das für mich eine Sensation. Mit Frauen war zunächst nichts. Denn meine Mutter hat mir alle ausgeredet: Die ist ein Eisenbahnermädel, die ist nichts für dich, und die ist auch nichts für dich, hieß es da immer. In dieser Beziehung bin ich wohl ein echter Spätzünder. Ich habe mit achtzehn zum ersten Mal eine Frau geküßt und mich gegraust, weil es so naß war.

Meine Ehefrau war dann die erste Frau, mit der ich richtig zusammen war.

Anfangs habe ich auch die Mädchen abgeschreckt mit meiner übergroßen Liebe. Die waren das gar nicht gewöhnt, die anderen Jungens waren da ganz anders. Die spielten ihre Spiele. Wenn ich eine geliebt habe, dann hat sie das in den ersten zehn Minuten gemerkt: Hier ist mein Herz, da hast du es, sagte ich. So ungefähr. Ich habe die Mädchen auch noch mit Geschenken überhäuft, und das war für die jungen Dinger dann doch etwas viel. Irgendwie bin ich heute immer noch so. Verliebtsein hatte damals noch nichts mit Erotik zu tun. Es war nur ein übergroßes Verlangen nach Liebe, die auch zurückkommt. Und danach, jemandem Liebe zu geben. Es fällt mir übrigens auf, daß ich auch meiner Schwester gegenüber immer nachgegeben habe.

Meine Frau Edith habe ich im Urlaub kennengelernt. Sie war in Luzern Kindergärtnerin und ist vier Jahre jünger als ich. Wir waren in Frankreich mit einem Freund, und ich hatte gerade wieder eine platonische Liebe zu verschmerzen. Wir haben uns kulturelle Sehenswürdigkeiten angesehen und uns gleich verstanden. Es war von Anfang an ein Konnex da. Sie hatte auch nichts erlebt bis dahin und war die erste Frau, die mich verstanden hat. Ich wollte eigentlich meine Ruhe haben, am Strand liegen, aber sie hatte eben diese kecke Art, genau wie Alexa später. Sie haben eine unwahrscheinliche Ähnlichkeit miteinander. Damals war mir gerade wieder eine meiner Lieben weggelaufen, die ich wohl auch mit meiner übergroßen Liebe verschreckt hatte.

Ich halte es durchaus für möglich, daß ich mit diesem enormen

Gefühlseinsatz, diesem Überschwang und dieser Riesenliebe eigentlich meine Mutter meinte, die ja nie anwesend war ...

Meine Frau hat mit fünfzehn den Tod ihres Vaters miterlebt und war dadurch schon früh sehr reif. Wir sind jetzt seit zwanzig Jahren verheiratet, ich würde unsere Ehe als sehr harmonisch bezeichnen. Wir sind Kumpel, Eltern, Geliebte, Vertraute. Geheiratet hätten wir sowieso, nicht nur wegen des Kindes. Das kam mitten ins volle Glück hinein. Es war keiner traurig, außer meinen Eltern. Aber im Grunde hätte ich schon vorher gern mein Studium beendet, und Edith wäre im Beruf noch gern weiter gekommen.

Geistig, seelisch und körperlich ist unsere Ehe wunderschön. Der seelisch stützendere Teil ist sicher meine Frau. Wenn es mir schlechtgegangen ist, und es ist mir oft schlechtgegangen, war sie immer für mich da. Auch bei unserer Existenzgründung. Mein Onkel, der ja für mich die absolute Autorität war, hatte mich nämlich in dem Glauben gelassen, mir dabei zu helfen. Als es dann soweit war, kam nichts. Ich habe den Onkel wohl total überschätzt, habe alles geglaubt, was er sagte. Ich kann sagen, daß mein Onkel die beherrschende Persönlichkeit in meinem Leben war, bis ich Alexa kennenlernte. Den habe ich angebetet, der war mein Ideal.

Als meine Mutter starb – meine Frau hat sie noch gepflegt –, habe ich ihr Geschäft übernommen. Ich habe mit dem Studium zwei Jahre ausgesetzt und währenddessen meine Frau in alles eingeführt. Als sie es beherrschte, habe ich zu Ende studiert. Ich habe zusätzlich im Geschäft mitgemischt und nebenbei mit Schmuck gehandelt. Geschäfte habe ich immer schon gemacht, auch auf der Uni, habe gut verdient nebenbei. Ich war auch der Bankier auf der Hochschule; wenn einer Geld brauchte, kam er zu mir. Mein Onkel hat mich immer abgewertet. Er sagte: Du bist ja nur ein Schacherer.

Ich bin ein sehr toleranter Mensch, sehr großzügig anderen gegenüber. Natürlich kann man auch sagen, ich bin blöd und lasse mir zuviel gefallen.

Als junger Familienvater konnten bei mir keine beengten Gefühle aufkommen, denn ich hatte während meines Studiums eine Wohnung in Zürich und war oft drei Wochen von zuhause fort.

Ich habe natürlich Kommilitoninnen kennengelernt, die haben aber alle meine Frau gekannt. Die wären schon interessiert gewesen, aber sie fanden alle meine Frau so lieb...

Ich war im Grunde ein verheirateter Junggeselle, der allein gewohnt hat. Man muß sich nur einen wunderschönen Mai vorstellen mit blühendem Flieder und blühenden Kirschbäumen und Kastanienbäumen und dazu mich ganz allein. Mit meiner ganzen Gefühlsbereitschaft...

Ich war meiner Frau aber trotzdem lange treu. Schließlich bin ich dann zu Huren gegangen, aber nicht, um meinen Trieb abzureagieren, sondern um einen Partner zu haben. Der Trieb war nie das Ausschlaggebende bei mir. Der ist je nach Partnerin heftig oder weniger heftig. Ich wollte niemanden zum Bumsen, sondern einfach einen Menschen haben, den ich halten und streicheln konnte. Ich hatte fast eine Art Beziehung zu einer Nutte. Das klingt komisch, aber das waren halt junge Dinger, die von meiner gefühlsbetonten Art so angetan waren, daß sie in dem Augenblick gar keine Huren mehr waren. Wir haben uns damals genauso geliebt wie ein verliebtes Pärchen. Also nicht: Schnell, schnell, Junge, schau, daß du weiterkommst. Die habe ich mit meinem Gefühl richtig mitgerissen.

Davon habe ich meiner Frau nichts erzählt. Das hatte auch gar nichts mit ihr zu tun, denn die Mädchen waren ja nur Stellvertreterinnen für sie. Die Ehe hat das überhaupt nicht tangiert. Wenn sie bei mir gewesen wäre, dann wäre bestimmt nichts passiert. Ringsherum ging damals jeder mit seiner Freundin aus. Und ich war sehr jung und hatte außerdem noch nie etwas mit einer anderen Frau gehabt...

Am Anfang war sicher ganz große Neugier dabei auf andere Frauen. Meine Frau hat sich ihrerseits überhaupt nicht umgeschaut. Die hatte und hat das Bedürfnis nicht, obwohl sie erotisch sehr ansprechbar ist.

Ich kenne Alexa also seit vier Jahren. Wie ich sie kennenlernte, hat wiederum eine Parallele zum Kennenlernen meiner Frau. Ich wollte damals nicht nach Frankreich, und Alexa wollte eigentlich nicht nach Zürich auf die Schmuckmesse fahren. So ein Spießerverein, dachte sie. Sie ist dann mit ihrer Freundin Gabi, die mit ihr das

Schmuckgeschäft betreibt, doch hingefahren. Wir arbeiten in derselben Branche. Alexa ist sehr tüchtig und selbständig, das macht viel aus. Am ersten Tag, als ich meine Koje eingeräumt habe, kam sie mit einer Kaffeekanne zum Wasserholen an mir vorbei. Das war's dann. Man kann nicht sagen, daß es Liebe auf den ersten Blick war, das ist viel zu banal. Das war eher eine Vesuveruption nach 300 Jahren. Ich dachte, das gibt es doch gar nicht, so eine schöne Frau. Die gab es aber – und das nur zwei Stände weiter. Ich hab sie nur angesehen und sofort gewußt: Die ist lieb, die ist charmant, die ist attraktiv, die hat Ausstrahlung, und gescheit muß sie auch sein. Mein nächster Gedanke war: Mich schaut die sicher nie an. Bis zu dieser Zeit hatte ich nämlich einen furchtbaren Minderwertigkeitskomplex. Den hat mir mein Onkel eingeimpft. Er sagte immer, ich sei ein Depp. Dazu kamen als Jüngling diese ewigen unglücklichen Lieben.

Inzwischen bin ich immerhin soweit, daß ich mich nicht mehr entschuldige für das, was ich verkaufe. Ich habe früher immer gedacht, die anderen Schmuckhändler sind alle viel besser und größer. Jetzt sage ich, na bitte, ich bin ja auch nicht so blöd.

Nach meiner Frühehe, der langen Ehedauer ohne voreheliche Erfahrungen war schon eine Bereitschaft da für die Beziehung mit Alexa. Aber im Vordergrund steht mein Verlangen, anderen Menschen Liebe zu geben. Sie zu beschützen, das hat mit Sex überhaupt nichts zu tun. Ich will andere Menschen hegen, streicheln, zärtlich zu ihnen sein. Ihnen ein wunderschönes, wohliges, sicheres Gefühl geben.

Als Kind habe ich immer bis in die Nacht gewartet, wenn meine Eltern aus dem Urlaub kamen. Ich wollte, daß sie jemand empfängt. Meine Schwester hat das nie verstanden. Ich war schon immer sehr gefühlvoll.

Für meine Kinder bin ich sicherlich auch ein warmer Vater, auch meine Frau empfindet das. Die fühlt sich auch sehr aufgehoben und geborgen. Das war auch in der ganzen Zeit mit Alexa nicht anders. Während meiner ganzen Zweitehe. Es ist wahnsinnig, daß sich meine beiden Frauen so ähnlich sind.

Mit Alexa ging es dann auf der Messe zögernd weiter. Ich hielt mich zurück, weil ich mir nicht vorstellen konnte, daß sie etwas an mir findet. Ich hörte, daß sie gern kocht, brachte ihr dann Kochbücher. Ohne Berechnung, ich wollte ihr nur eine Freude machen. Ich spürte eine wunderbare, große Verehrung für diese Frau.

Sie hatte damals, was ich noch nicht wußte, in der Endphase ihrer Ehe ein schreckliches Tief. Es lief mit ihrem Mann gar nichts mehr, aber sie lebten noch zusammen. Das hat sie sehr belastet, wahrscheinlich hat sie sich deshalb um so mehr auf den Beruf konzentriert. Und dann kam ich und schenkte ihr ungeteilte Aufmerksamkeit. Das war wohl schön für sie. Wenn ich abends nach Hause zu meiner Familie fuhr, wir hatten inzwischen drei Kinder, hat mich das Gefühl für Alexa überhaupt nicht beunruhigt, nur erfreut.

Schließlich habe ich sie und ihre Freundin zum Essen eingeladen. Da habe ich zum ersten Mal im Leben gedacht: Jetzt spiele ich auch ein Spielchen. Ich habe mich dann nur mit der Gabi unterhalten, sehr intensiv. Dabei hat die mich nicht im geringsten interessiert. Die hätte man mir nackert ins Bett legen können. Bei Alexa spüre ich auch auf 1000 Kilometer Entfernung diesen Seidenfaden ... Ich habe die beiden nach dem Essen zu einer kleinen Stadtbesichtigung geführt, habe gemerkt, daß Alexa gern fotografiert und sich sehr für Kunstgeschichte interessiert. Das war auch ein Konnex. Wir sind schließlich unten am See spazierengegangen. Auf einmal legt Alexa den Arm um mich. Wenn sie das nicht gemacht hätte, ich glaube, die ganze Geschichte hätte gar nicht angefangen. Ich hätte mich von mir aus nie getraut und mir nie vorstellen können, daß diese wunderschöne, reizende, süße, liebe, großartige, traumhafte Frau mich mögen könnte. Wir sind dann bei mir im Bauernhaus gelandet. Es war wunderschön.

Meine Frau hat nichts gemerkt, ich liebte sie ja noch immer. Die Alexa auch, über alle Maßen. Zwischen den beiden sind vielleicht fünf Zentimeter Unterschied im Grad meiner Liebe, aber mehr nicht. Meine Frau liebe ich auch noch als Frau, nicht nur als Mutter meiner Kinder.

Meine Frau weiß seit rund zwei Monaten von Alexa. Am Anfang war es sehr schwer für sie, das ist ganz klar. Ich hätte es ihr auch nie gesagt, aber es ist eben herausgekommen. Das war so: An jenem Wochenende vor zwei Monaten war ich zuhause und wußte, daß Alexa zum ersten Mal den neuen Freund – ich sag's jetzt bewußt – in

UNSERE Wohnung und in UNSER Bett einlädt in ihrer Wohnung in Frankfurt. Ich fühle mich dort auch zuhause. Das war schon wahnsinnig hart. Alexa sagte, sie hätte nie geglaubt, daß es überhaupt einen Mann gibt, der kein riesiger Egoist ist, der sie als Menschen liebt.

Meine Haltung kommt wohl daher, daß mich mein Vater immer zu einer Art Minnesänger erziehen wollte, der zum Ideal der »heren frowe« emporschaut. Zusätzlich hatte ich dann eine ziemlich unerreichbare Mutter, die wirklich zu bewundern war. In Diskussionen unter Männern werde ich auch heute immer noch angefeindet, weil ich die Frauen in Schutz nehme. Weil ich finde, daß 80 Prozent der Männer viel blöder sind als Frauen, die mehr Intellekt haben, mehr Zähigkeit und mehr Gefühl.

An jenem Wochenende also hatte mir die Alexa mitgeteilt, daß sie mit mir Schluß mache, weil sie ihr eigenes Leben führen müsse, weil es kein Wir für uns gebe. Ich habe ihr die ganzen vier Jahre gesagt, daß ich meine Frau genauso liebe wie sie. Im Rückblick muß ich sagen, daß ich doch mehr zu Alexa hingezogen war. Ob das aber daran lag, daß ich meiner Frau eben sicher war? Wäre ich mit Alexa verheiratet und hätte dann meine Frau kennengelernt, wäre es vielleicht umgekehrt gelaufen.

Das auslösende Moment für mein Geständnis war dann, daß ich mit meiner Frau, Schwager und Schwägerin an diesem besagten Wochenende auf einer Schmuckausstellung war. Ich habe an dem Abend aus Verzweiflung sehr viel getrunken, weil ich nicht andauernd an Alexa und den Anderen denken wollte. Ich ging dann mit meiner Schwägerin spazieren und hab' ihr einfach alles erzählen müssen. Die dachte sich schon so was, weil ich so viel nach Frankfurt gefahren war. Im Hotelflur hab' ich laut weitergesprochen. Meine Frau, die schon auf dem Zimmer war, hat alles mit angehört. Am nächsten Tag hat sie mich dann gefragt. Sie hat mich schon die vier vorhergehenden Jahre intensiv gefragt. Und zwar immer an den neuralgischen Punkten Weihnachten, Silvester, Urlaub. Die habe ich immer mit der Familie verbracht und habe mir die Andere gewünscht. Da sind dann Aggressionen bei mir herausgekommen, die meine Familie zu spüren bekam. Ich muß mich fast als feige bezeichnen, daß ich mich nicht getrennt habe, oder als unehrlich.

Meine Frau hatte auch schon etwas vermutet, weil ich so viel verreist war, aber der Schock kam, als sie erfuhr, daß es mit Alexa schon seit vier Jahren ging. Sie war ganz durcheinander, hat die Schuld bei sich gesucht, fragte sich, was sie mir nicht gegeben hätte. Sie war mir eigentlich gar nicht böse. Wenn sie in dem Moment geschrien hätte, du darfst sie nie wiedersehen, hätte sie das Gegenteil bewirkt. Und sie ist eine intelligente Frau, sie hat sich ihrem Naturell entsprechend klug verhalten. Aus dem Herzen heraus. Sie hat mich eben geliebt und mit mir mitgefühlt, was mir das für Schmerzen bereitet, daß die Andere jetzt weg ist. Sie hat ihren eigenen Schmerz verkraften müssen und meinen noch mit verkraftet, das ist ja das Großartige. Sie hat mich sogar noch trösten können. Sie hat mich zu Alexa geschickt, damit ich mich mit ihr ausspreche.

Ich glaube, daß Alexa von Anfang an den Absprung von mir gesucht hat. Anfangs hat sie es verdrängt, weil sie mich gern hatte und ich ja auch ganz praktisch war. Sie trennte sich gerade und baute sich beruflich etwas auf. Da waren für eine Beziehung nicht so viele Kapazitäten frei.

Inzwischen hat sie wohl Torschlußpanik. Der Laden läuft, jetzt ist sie Mitte 30 und hat keine Kinder. Ich habe furchtbare Angst um sie. Kinder und eine Familie hätte sie ja mit mir nicht haben können. Das hat sie auch gewußt und akzeptiert.

Mein furchtbares Debakel ist, daß ich es nie fertigbringen würde, mich vor meine Familie zu stellen und zu sagen: Ich gehe jetzt weg für immer. Meine Frau war auch so großartig, als wir am Boden waren mit dem Geschäft. Sie hat mir immer Kraft gegeben, hat mich herausgerissen aus meiner Hilflosigkeit und meinem Negativismus.

Auch Alexa hat mich aufmerksam gemacht aufs positive Denken. Sie hat mir eine völlig neue Einstellung gegeben, total positiv. Meine Frau auch, aber von der habe ich es nicht so angenommen.

Ich glaube, daß meine Beziehung zu Alexa in der Schlußphase ist, aber ich will es noch nicht wahrhaben. Ich könnte das Ruder noch herumreißen, wenn ich mich von meiner Frau trennen würde. Das kann ich aber genausowenig.

Es ist ja ganz logisch und verständlich, daß sie jetzt anderswo sucht, weil sie mit mir das nicht haben kann, was sie inzwischen wohl will. Anfangs hat ihr der Ehemann einer anderen ganz gut in den Kram gepaßt. Es ist für mich alles sehr schmerzhaft. Ich kann mich im Moment auch nicht wieder konsequent auf meine Frau konzentrieren, weil ich zu sehr an Alexa hänge. Mein ältester Sohn weiß Bescheid, seine Mutter hat es ihm gesagt. Er ist auch nicht gegen mich, ebensowenig wie seine Mutter. Er sagte, er könne verstehen, daß man zwei Frauen lieben kann.

Meine Frau hat die letzten Jahre intuitiv gewußt, daß da etwas war, sie hat es aber verdrängt. Ein bißchen war da schon Vogel-Strauß-Politik dabei. Sie hat sich das Bild, das sie sich von mir gemacht hatte als dem idealen Ehemann, der der Beste, der Größte, der Schönste ist, bewahren wollen. Sie weiß auch, was in unserem Bekanntenkreis alles vor sich geht. Was die Männer alles aufführen. Geschäftsleute in meinem Alter, die mit jeder kleinen Angestellten herumbumsen, jeden Tag eine andere, zwei oder drei auf einmal ist am schönsten. Nicht daß ich mich besser machen will, aber das alles hab' ich meiner Frau erspart.

Vielleicht sollte ich Mormone werden oder Mohammedaner und zwei Frauen heiraten. Ich glaube, meine Frau wäre dazu bereit. Vor ein paar Wochen haben sich die beiden kennengelernt: Sie wollten es beide und haben sich hier bei Alexa in Frankfurt getroffen. Ich wollte das auch. Alexa kennt meine Frau ja schon ein bißchen von damals von der Messe her. Meine Frau hat übrigens nie vermutet, daß gerade sie meine Freundin wäre. Ich habe Alexa immer alles von meiner Familie erzählt, sie kennt die Edith weit besser als umgekehrt. Ich sagte schon immer zu Alexa: Wenn ihr beiden euch kennenlernt, werdet ihr die besten Freundinnen, und ich bin dann der Trottel. Ihr werdet euch gegen mich verschwören. So ähnlich war es dann auch: Meine Frau kam mit Schnackelknien und Herzflattern her, und Alexa ging es genauso. Als die Tür aufging, sind sie sich um den Hals gefallen. Meine Frau kam nachmittags um vier, und nachts um zwei sind sie ins Bett gegangen. Sie haben mich dann angerufen zuhaus und mit mir herumgealbert. Ich war daheim bei den Kindern.

Wenn meine Frau plötzlich einen anderen hätte? Ich glaube, ich würde sagen, geh und probier es aus. Aber das wäre wohl nicht möglich, weil wir ja zusammengehören. Mit Alexa gehöre ich aber genauso zusammen. Mich hält zurück, daß meine Frau so etwas eben nicht macht. Ich müßte es sagen, ich müßte von mir aus gehen, und das kann ich nicht. Aus Güte, aus Liebe, aus Anhänglichkeit, aus Dankbarkeit, Feigheit, Gewohnheit, wohl auch aus Schwäche. Ein Konglomerat aus allem.

Wenn Alexa schwanger geworden wäre, wäre das wunderschön gewesen. Aber ob ich mich hätte scheiden lassen deshalb? Irgendwo bin ich schon ein verrückter Mensch, ein bißchen gespalten. Alexas Wohnung ist wie ein Zuhause, in Zürich ist auch mein Zuhause, beide Frauen sind so ähnlich, und beide habe ich lieb.

Und jetzt habe ich diese Angst, daß sich Alexa den Männern an den Hals wirft, was sie nicht im geringsten nötig hat. Und schon gar nicht einem Bürschlein, das vier Jahre jünger ist als sie. Der ist doch nur eine unreife Pflaume im Vergleich zu ihr. Ich fürchte, daß sie jetzt um jeden Preis einen Mann sucht.

Meine Frau hat vorhin hier in Alexas Wohnung angerufen, weil sie weiß, daß es mir schlechtgeht. Meine Frau ist genauso großartig wie Alexa, ohne Hintergedanken. Wir könnten weitaus glücklicher sein als alle anderen Ehepaare in Zürich und Umgebung. Die Alexa wird allerdings sicher mein ganzes Leben lang die Frau sein, die mein Leben enorm beeinflußt hat, positiv. Nicht mehr als meine Frau, anders.

Bisher habe ich auch nur diesen beiden Frauen Schmuck geschenkt.

Als meine Frau von Alexa erfuhr, fragte sie sofort, ob die Andere ein Kind von mir habe. Dann würde sie sich nämlich sofort scheiden lassen, weil ich zur Mutter und dem kleinen Kind gehörte. In diesem Fall – ich habe ihn oft innerlich durchgespielt – hätte ich Alexa nach Zürich geholt. Ich hätte mich scheiden lassen und sie geheiratet, ich hätte aber die Beziehung zu meiner Familie mit der gleichen Liebe und Güte, mit der gleichen Zuwendung und Wärme fortgesetzt. Ich hätte auch meine Frau – bis auf das Sexuelle – genauso geliebt, gehegt und gepflegt. Das habe ich Alexa oft gesagt. Die wollte das wohl nicht. Sie wollte mich ganz, ohne Zweitfamilie im Hintergrund, aber anfangs war ihr die Familie ganz recht.

Das ist alles ein unlösbares Dilemma. Eigentlich war Alexa immer die ärmste von uns dreien: Meine Frau hat die Kinder und mich zur

Hälfte, ich hab' meine Frau, die Kinder und Alexa, und Alexa hat nur mich – zur Hälfte. Deshalb bricht sie ja jetzt auch aus.

Irgendwie habe ich immer noch die Hoffnung, daß wir eines Tages, wenn wir ganz alt sind, doch noch zusammenkommen. Auch wenn es nur zwei, drei Jahre wären ...

Walter V. ist ein unauffällig gutaussehender, korrekt gekleideter Mann vom Typ kultivierter Europäer. Von Anfang an ist mir klar, was Alexa W. an ihm fasziniert: Walter V. ist von ungewöhnlicher Gefühlsintensität. Beim Interview werde ich opulent bewirtet, ebenso freigebig ist er mit seiner Lebensgeschichte. Ein Mann, der gerne gibt, ist rar. Walter V. ist so ein Mann.

Er hält es für möglich, daß er sich im Grunde immer noch um die unerreichbare Mutter bemüht, die so wenig Zeit für ihn hatte. Ist Edith, seine Frau, eine Spur zu erreichbar für ihn?

Walter V. leidet und bangt nun um Alexa W. wie damals als Junge: »Vielleicht kommen wir ja noch zusammen, wenn wir alt sind. Und wenn es nur ein paar Jahre wären.« ...

„Zur pflegeleichten Ausweichfrau geht man nur, wenn man will“

Knut K., 42, Geschäftsmann, gelernter Pädagoge, verheiratet, ein Kind
Freund von Eva R.

An der Beziehung zu E. ist mir die schon viele Jahre dauernde Freundschaft wichtig. Es ist auch eine unregelmäßige sexuelle Beziehung mit Pausen von manchmal einem Jahr.

Ich bin seit sechs Jahren verheiratet und habe eine zweijährige Tochter. Ich habe nur geheiratet, weil ich sowieso meine Freiheit gehabt habe und natürlich wegen des Kindes. Das wollten wir beide, die Zeit war reif dafür.

Wir haben fünf Jahre zusammengelebt, heute wohnt meine Frau mit dem Kind in einem Haus auf dem Land, und ich habe hier eine Wohnung in der Stadt. Ich bin zwei- oder dreimal in der Woche bei meiner Familie, schlafe dort auch unregelmäßig mit meiner Frau. Wir brauchen wohl beide Abstand und einen gewissen Freiraum. Aber ich habe damit angefangen, das stimmt. Angefangen mit dem Aussteigen. Früher haben wir zusammen gearbeitet, aber ich habe sie dann aus dem Job gedrängt, weil sie sich meiner Meinung nach nicht verbessert hat. Meine Ansprüche an Mitarbeiter sind sehr hoch, was Qualität, Leistung und Kreativität betrifft.

E. stagniert mit Sicherheit nicht. Sie macht ständig etwas Neues, als wäre sie auf der Suche, so wie ich. Sie stellt keinerlei Ansprüche an mich. Ich bin eigentlich ein Arbeitstier. Ein Workaholic, das ist meine Form der Lebensbewältigung. Ich war viel in der dritten Welt und habe Menschen auf den Straßen sterben sehen. Ich importiere Ware von dort, fahre auch oft hin und lasse Geld da.

Ich könnte mir dort natürlich eine Frau kaufen, aber dann hat man die hier am Hals. Ich kenne Freunde, die sich mit der Emanzipation dieser Frauen ganz schön auseinanderzusetzen haben hier.

Die pflegeleichte Ausweichfrau, der »Zweitstammzahn«, definiert sich eher dadurch, daß man da nur hingeht, wenn man will. Nur ist auch die heutzutage oft ausgeflogen und sitzt nicht mehr nur da und wartet.

Meine Kindheit habe ich in einer Kleinstadt in Hessen verbracht. Dort bin ich um den Dorfteich herumgelaufen und habe mit den Enten geschäkert. Ich war das einzige Kind, Mama hat mich immer verwöhnt, Papa war immer ein Arbeitstier...

Mein Vater war Bauer, und meine Eltern waren sehr froh, daß ich in die höhere Schule kam. Es war die typische kleinbürgerliche Aufsteigerkarriere der 50er Jahre. Der Bauernhof wurde damals aufgelöst, ich war das Vorzeigekind in einer benachbarten Kleinstadt. Vielleicht wäre es besser für mich gewesen, Bauer zu sein, unreflektiert zu arbeiten. Ich weiß es nicht.

Ich war letztlich immer einsam und hatte bis zehn oder zwölf keine Spielkameraden, keine Geschwister. Ich war immer allein und sehr verwöhnt. Die Laufbahn des Autisten...

Ich war eine Art Wunderkind vom Lande und habe die Schule in kürzester Zeit gemacht, Abitur, Examen. Ich suchte mir bald ein Positivprogramm und lief von einem Job zum nächsten.

Dann kamen die Mädels: meine erste Freundin war auch in der Abiturklasse. Ich war ein Spätzünder, es ist erst mit neunzehn passiert und so richtig im Dunkeln unter der Bettdecke. Im Auto haben wir's auch probiert, aber im VW-Käfer ging das nicht. Wir haben mit Präservativ »gearbeitet«, damals natürlich wegen der wenig verbreiteten Pille. Darüber war ich hinterher auch ganz froh, als ich merkte, daß die Frau eine Streunerin war. Ich war immer schon knackfest verliebt, bevor sich herausstellte, wie eine Frau wirklich war. Ich hatte einen hohen Verschleiß in meiner Jugendzeit, war aber auch extrem romantisch. In der Schule, auf der Toilette, das weiß ich noch, habe ich den Namen meiner Geliebten auf den angehauchten Spiegel geschrieben und dabei ihren Vornamen geflüstert. Irgendwie mußte ich diese Verliebtheit mitteilen.

Heute ist das etwas anders: als angenehm empfinde ich an einer »Zweitbeziehung«, daß man sich nicht alles erzählen und keine Beichte ablegen muß, wenn man sich nach längerer Zeit sieht. Hier muß ich eher etwas Interessantes erzählen...

Meine Frau, eine typische Stier-Frau, sitzt dagegen eher zuhause und zählt das Geld, das sie von mir kriegt. Hier muß ich nicht geistig, sondern mit Brillis brillieren. Alles ist auch sehr schön häuslich. Mit dem Kind geht sie prima um. In den nächsten ein bis zwei Jahren, wenn wichtige Prägungen für das Kind passieren, will ich auch öfter dabeisein. Wir machen auch ganz tolle Sachen zusammen, nur daß meine Tochter manchmal in meine Geschäftsbücher malt, die kann man hinterher gleich wegschmeißen. Ich bin eigentlich kein übler Vater, eben ein Romantiker und eine Spielernatur, das kommt einem Kind schon entgegen. Mit Kindern kann ich gut umgehen, weil ich selbst wieder eins geworden bin durch meine Tochter.

Wenn ich aber mit meiner Romantik komme, dann glaubt mir das kaum eine Frau. Die sagen alle, ich soll meine Romantik zuhause abliefern. Meine Frau will die aber gar nicht, die will Kohle sehen.

Wohin also mit meiner Romantik? Im Frühling verliebe ich mich regelmäßig neu – manchmal in E. Und da ich nur zwei Häuser weiter wohne, habe ich oft einen telepathischen Draht zu ihr. Sie lebt nicht Tür an Tür mit mir, das wäre der Tod unserer Beziehung. So ist es gerade wohltemperiert. Vielleicht haben die Indianer so gelebt: Sichtweite der Beziehung 30 Meter. Das ist ungefähr der Radius, den ich vertragen kann und den ich mir vorstelle. Man könnte mit Fähnchen oder Kerze kommunizieren und mit dem Spiegel die Sonne in das Fenster des Anderen reflektieren.

Kurzzeitiges Näherkommen – so bis minus zwanzig Zentimeter – empfinde ich schon als sehr angenehm. Man sollte dann mit so 40 an Luther, in der Woche zwier, sich halten oder eben an die Jahreszeiten. Frühmorgens mag ich's jedenfalls am liebsten.

Die wichtigste Frau in meinem Leben?

Das ist meine Tochter.

Dann kommt meine Mutter. Von der bekomme ich das Geld, das ich an die Mutter meiner Tochter weitergebe.

Dann kommen meine Mitarbeiterinnen. Früher habe ich alle durchgebumst. Das lasse ich heute bleiben, weil es das Arbeitsverhältnis versaut. Außer mit meiner Frau und E. habe ich keine Beziehung mehr.

Ich finde Sex sehr schön. Deshalb hatte ich so einen Frauenkonsum. Aber seit dieser Aidsgeschichte...

Was die Liebe angeht, bin ich dagegen ein völliger Romantiker. Es ist mir angenehmer, Liebesbriefe zu schreiben und diesen komischen, wehen Flatterbauch zu kriegen, ob es klappt oder nicht, als den Vorgang als solchen zu vollziehen.

Die E. hat mir immer mal wieder diesen Flatterbauch verschafft. Jetzt ist es aber auch schon ruhiger. Seit drei Jahren war ich nicht mehr richtig verliebt.

Die Mutter meines Kindes mag ich, weil sie gut auf das Kind aufpaßt. E. mag ich auch seit langer Zeit schon. Nach meinem Kind kommt ziemlich schnell meine Arbeit, die liebe ich auch. Aber daß ich noch hinter einer Frau herlaufe, weil ich mich verliebt habe, ihr Blumen schicke – das mache ich nicht mehr.

Ich kümmere mich recht viel um mein Kind; mehr geht nicht, weil ich dann auch mit seiner Mutter zu tun habe und dann unter deren Autorität leide. Sie ist eine Autorität, weil sie eine starke Persönlichkeit ist. Außerdem geht der Zeitgeist dahin, daß Männer nichts mehr zu sagen haben.

E. ist auch eine starke Persönlichkeit, offenbar habe ich eine Neigung zu solchen Frauen.

Ich habe zu dem eine stärkere Beziehung, der mich am stärksten belastet. Das kann gut oder schlecht sein, macht aber nicht die Intensität der Beziehung aus. Meine Mutter hat mich stark belastet, eine Löwe-Frau...

Ich bin Zwilling, also gespalten, und irgendwo hat es auch sein Gutes, daß mein Kind mich in der Verantwortungssituation dazu zwingt, mit seiner Mutter zusammensein zu müssen, mit ihr zu tun zu haben. Dadurch bin ich für sie bestimmbar, und dem möchte ich natürlich entfliehen. Ich sträube mich – meine Frau läßt mich natürlich frei, weil man dann den Mann am besten wieder zurückbekommt, wenn man ihn an der langen Leine läßt. Diese Verpflichtung mit Frau und Kind ist ganz entscheidend, das ist ein Schlüsselerlebnis in meinem Leben. Ich brauche darum gar nicht herumzureden oder zu meinen, ich könnte aus dieser Verantwortung noch einmal heraus. Ich bin einmal festgenagelt, und damit hat sich's. Ich habe meine Rente programmiert und dem Kind einen Sparvertrag zugelegt, all diese Sachen, die mich an der Realität und dieser Öffentlichkeit festnageln. Ich muß mir überlegen, warum ich das alles unbewußt wollte, sonst müßte ich die Situation abstellen, das ist klar. Das Kind ist wohl etwas Reelles, Vorzeigbares, wie ich für meine Mutter vorzeigbar war. Bevor das Kind da war, bin ich aus der Tür gegangen mit meinem Rucksack und sagte: Okay, das war's dann. Ich muß mich dieser Verpflichtungssituation jetzt stellen, und das will ich wohl irgendwo auch. Ich will bis zu einem gewissen Grad die Flucht vermeiden, da das Kind da ist, das ich vermeiden wollte. Es war auch kein Ausrutscher – meine Frau hatte schon zweimal abgetrieben, ein drittes Mal hätte sie es nicht mehr gepackt.

Mit E. verbindet mich eine ganz lockere Freundschaft, die letztlich immer wiederkommt. Wir waren weder himmelhoch verliebt noch furchtbar böse. Es ist eher ein angenehmes Gefühl, daß man jemanden hat. Sie ist eine von den fünf Leuten, zu denen ich immer hingehen kann. In meiner extremen Belastungssituation, die ich auch irgendwie gut finde, die ich also nicht als Entschuldigung vorschiebe, vereinsamt man auch. Meine Freunde sind jetzt auf dem Konsumtrip oder wandern aus. Wir gehören zur 68er Generation, und wir hatten alle hohe Ansprüche. Ich war auch mal Pädagoge und Entwicklungshelfer, aber heute kann ich meine Freunde an der Hand abzählen.

E. gehört dazu. Mit ihr kann ich reden. Ich krieg' von ihr praktische Lebenshilfe. Auch was meine Arbeit angeht. Hier bei ihr ist ein Freiraum, wo ich mir einiges erlauben kann. Hier kann ich sein, wie ich bin, weil hier keine Konventionen ablaufen, kann auch brutal sein. Den Lehrerberuf habe ich aufgegeben, weil ich sah, daß man die Welt nicht theoretisch gestalten und verändern kann: es war ein Hirn-Fick. Ich habe darunter gelitten, war extrem idealistisch und anspruchsvoll. Heute sehe ich, wie die Kinder durch reines Konsumdenken versaut werden – sonst gibt es keine Werte mehr. Warum ich mich aus meiner Ehe zurückgezogen habe? Das Kind wurde zum Powertrip für meine Frau. Sie bekam außerdem allerlei komische Komplexe und fand sich nicht mehr attraktiv nach der Geburt. Meine Frau hat keinen Anderen, sie ist Buddhistin und hat einen Zirkel Gleichgesinnter, mit dem sie sich regelmäßig trifft. Sie hat den Gruppeneffekt und die Aufgehobenheit.

Ich sehe das eher als Selbstvernichtungsideologie, fürs Hirn tödlich und ziemlich elitär. Es paßt nicht in meine Wertevorstellung.

Sie könnten gleich zur NSDAP gehen. Und ich renne mich selber tot, indem ich gegen diese Lebenseinstellung anlaufe.

Es treibt mich von zuhause weg, weil meine Frau nicht zufrieden ist, obwohl das Kind alles hat, was es braucht. Ich habe meine Frau mal geliebt. E. war immer eine körperliche Nebenbeziehung. Mit meiner Frau war alles da, das Basteln und Fummeln, das Zehnmal-am-Tag-Anrufen, die ganze Regressionsphase, wenn man richtig verliebt ist. Das ist gar nicht so lange her.

Ich glaube nicht, daß wir das alles wiederbeleben können, weil die Fronten zu verhärtet sind. Ich bin ausgestiegen, weil ich einfach keine Änderung gesehen habe. Ich mache mir keinen Vorwurf. Wir haben uns auseinandergelebt – wie die Situation zu ändern wäre, weiß ich nicht. Ob sie etwas tun müßte oder ich.

Heute ist das Kind für mich entscheidend, und ich will daran mitkonstruieren, daß etwas daraus wird. Ich habe alle meine Beziehungen ziemlich vergessen, seit das Kind da ist, außer zu E. Ich steige aus der Ehe nur aus reiner Verzweiflung aus.

Ich glaube, daß E. sehr selbständig ist, aber im Grunde wäre sie sehr gern unter der Haube und hätte ein paar Kinder. Dann könnte sie mal ihre romantischen Vorstellungen von der Ehe leben. Aber ich bin es nicht für sie – ich bin nur die Projektion ihrer Sehnsucht. Eigentlich hätte sie gern einen flippigen Südamerikaner. Und würde am Strand leben. Ich bin nur eine Art Versuchsobjekt für ihre therapeutischen Erfahrungen, eine Art kostenloses Arbeitsmaterial. Gleichzeitig muß ich herhalten und sie in ihrem völlig aufgeweichten Zustand, wenn sie gecleart aus der Gruppe kommt und völlig bodylos, wieder in eine Form bringen, damit sie funktioniert. Ich habe da schon eine Aufbaufunktion, eine Art übergeordnetes Arbeitsverhältnis. Das ist doch wirklich die wahre Liebesbeziehung, den anderen wieder in Form zu bringen auf der therapeutischen Ebene; das ist natürlich gegenseitig. Bei E. ist für mich Spielwiese und Therapiestation, ein Ort zum Entkommen von den Zwängen, zum Spiel mit Gedanken.

Knut K. ist attraktiv, gescheit, erfolgreich. Ein Mann nicht nur zum Hinschauen. Und: Knut K. hat etwas ungemein Kindliches, Verspieltes.

Zwar zwingt er sich vom Willen her zu Verantwortlichkeiten wie Frau, Kind und Unternehmen. Aber die zweite Seele in seiner Brust braucht wohl ebenso dringlich die »Spielwiese« bei seiner »Ausweichfrau«.

Ausweichen will er seiner Frau, die er als Autorität empfindet, »weil sie eine starke Persönlichkeit ist«. Wie seine Mutter...

Freundin Eva ist auf der Suche wie er, will experimentieren. Ist voller Neugier. Und sie ist stark. »Offenbar«, sagt Knut K., »habe ich zu solchen Frauen einen Hang.«

„Ich muß kein schlechtes Gewissen haben, daß ich gebunden bin, weil sie auch ihr eigenes Leben hat"

Rudi U., 42, Beamter, verheiratet, ein Kind, Freund von Erika K.

Wir kennen uns jetzt seit sechs Jahren. Getroffen haben wir uns bei einem Fortbildungslehrgang, wir arbeiten beide in derselben Branche. Ich habe einen fast erwachsenen Sohn und bin seit neunzehn Jahren verheiratet. Ich bin 42, Erika 50. Wir gingen erst einmal freundschaftlich miteinander um, waren uns allerdings auf Anhieb sympathisch. Auf dem Heimweg am Ende des Lehrgangs, wir hatten zum Abschluß ein bißchen gefeiert, ist es dann passiert. Wir haben seither eine sehr heftige Affäre. Erika hat sich wegen mir sogar in eine andere Stadt versetzen lassen, zu mir nach Frankfurt, damit sie in meiner Nähe sein konnte. Damals waren ihre eigenen drei Kinder noch schulpflichtig, und das war alles nicht leicht für sie. Mit drei Kindern in eine andere Stadt zu ziehen wegen eines verheirateten Mannes, das war schon ein großer Liebesbeweis. Trotzdem steht für mich fest, daß ich mich von meiner Frau und dem Kind nie trennen werde. Weil ich meine Frau auch mag. Auf andere Art.

Wenn man fast zwanzig Jahre verheiratet ist, dann ist die Verliebtheit nun mal verflogen. Verliebt bin ich jetzt dafür in Erika. Wir haben kein reines Sexverhältnis, sondern pflegen auch gemeinsame Interessen. Wir gehen zum Tanzen oder gemeinsam zum Skifahren, das mögen wir beide sehr. Aber natürlich ist der Sex auch wichtig.

Meine Frau ist sehr verschlossen, redet mehr mit den Kindern als mit mir. Mit Erika kann ich mich über alles austauschen, auch über meine sexuellen Wünsche. Ich könnte aber meine Frau nie verlassen, weil sie sich völlig auf mich verläßt und ich auch als sehr zuverlässig gelte. Erika sagt auch, daß ich viel Wärme hätte. Vielleicht kann ich deshalb meine Familie nicht so enttäuschen.

Wie allerdings Erika diese Situation schon seit Jahren aushalten kann, ist mir ein Rätsel. Ich hätte diese Kraft wohl nicht. Sie ist aber eine sehr starke Persönlichkeit, hat auch keine Angst vor dem Alleinsein oder vor dem Gerede der Nachbarn, die mich ein und aus gehen sehen. Sie reist auch nicht auf die Mitleidstour wie andere Frauen. Die hat sie gar nicht nötig. Sie hat ihre Kinder und ihre Karriere, die sind ihr mindestens genauso wichtig wie ich. Ich muß ihr gegenüber kein schlechtes Gewissen haben, daß ich gebunden bin, weil sie ja auch ihr eigenes Leben hat. Sie ist, zu meinem Vorteil, beruflich sehr eingespannt. Das würde mir nämlich schon auf die Nerven gehen, wenn ich bei ihr dauernd ein schlechtes Gewissen haben müßte, daß ich mich nicht scheiden lasse. Ich glaube, sie findet es so, wie es ist, auch nicht schlecht. Sie sagt, daß für sie so noch alle Türen offen sind und sie auch mal Zeit für sich hat: Am Wochenende und so.

Mit meiner Frau schlafe ich auch noch, allerdings nur aus Gewohnheit. Dann ist sie schon eifersüchtig, die Erika. Ich bin sicher, daß ich mit ihr, wenn wir verheiratet wären, viel mehr streiten würde als mit meiner Frau. Die läßt mich ohne Murren zum Kegeln, zum Stammtisch, die fragt nie, wo ich war. Es ist aber einfach so, daß ein Mann das, was er hat, nicht schätzen kann.

Erika ist viel energischer und temperamentvoller als meine Frau. Es ist auch sehr schön, wenn man frisch verliebt ist und die sexuelle Kondition bei der neuen Frau keinerlei Grenzen hat. Ich könnte mir gut vorstellen, daß ich noch die nächsten Jahre so weitermache wie jetzt. Aber ich muß zugeben, daß es mir stinken würde, wenn meine Frau plötzlich auch einen Freund hätte. Da bin ich altmodisch. Andererseits würde das mein schlechtes Gewissen ihr gegenüber erleichtern. Ich glaube, daß starke, selbständige Frauen eher zu Geliebten von verheirateten Männern werden, weil sie sich weniger den Konventionen beugen, weniger Angst vor den Nachbarn haben, mehr auf ihren Beruf konzentriert sind. Außerdem sind alleinerziehende Mütter, die so an ihren Kindern hängen wie Erika, gefühlsmäßig ausgefüllt. Sie brauchen sich nicht so an einen Mann zu klammern. Weder als Ernährer noch als Bezugsperson.

Das ist natürlich für einen Mann wie mich schon angenehm.

Weil Erika den üblichen Handel Liebe gegen Trauschein ablehnt, bin ich aus dem Schneider.

Rudi U. wirkt wie der Prototyp des braven Familienvaters. Der ist er ja auch. Aber nur zum Teil. Daß Rudi U. seit Jahren eine »heftige Affäre« hat, erscheint eher unglaubhaft. Und doch: Wegen diesem Mann zog seine Geliebte sogar mit ihren Kindern in eine andere Stadt.

Rudi U. will so weitermachen wie bisher: Daheim die gefügige Frau, die »nicht fragt, wo ich war«, und zweimal die Woche die energische Geliebte, mit der er innerhalb einer Ehe »bestimmt viel mehr Streit hätte als mit meiner Frau«.

Als praktisch empfindet Rudi U. es auch, daß die Freundin Beruf und Kinder hat. Er ist, wie er zugibt, »aus dem Schneider«.

„Meiner Freundin reicht es, wenn wir uns einmal die Woche treffen. Sie ist nicht aufs Heiraten aus“

Heinrich P., 52, leitender Beamter, verheiratet, kinderlos

Ich habe von jeher sehr stark zwischen Liebe und Sex getrennt. Ich gehöre eben auch noch einer Generation an, die das tut. Diese zunächst unbewußte Trennung geht wohl auf meine Mutter zurück, die mir von klein auf Sex als etwas ziemlich Schmutziges darstellte. Dabei war sie selbst zweimal verheiratet, hat sechs Kinder geboren und galt als in jeder Hinsicht sehr vital.

Ich war sehr stark auf meine Mutter fixiert. Vielleicht war das mit ein Grund, weshalb ich lange Junggeselle blieb und auch mit ihr zusammen wohnte. Ich habe dann nach ihrem Tod folgerichtig eine Frau geheiratet, die genauso dominierend war wie sie.

Seit vier Jahren habe ich jetzt neben meiner Ehe ein Verhältnis, das mir wohl innerlich den Rücken stärkt gegenüber meiner Frau. Und ich laufe auch wenig Gefahr, daß Heidi dahinterkommt, denn Gabriele, meine Freundin, ist Unternehmerin in Baden-Württemberg, während wir in Berlin leben. Sie hat ihre Stahlfabrik zu leiten und zwei Kinder im Teenageralter. Sie ist zwar Witwe und deshalb noch zu haben, aber nicht aufs Heiraten aus. Das wäre auch nichts für mich. Ich habe Gabriele in Bad Wörishofen kennengelernt, wo ich regelmäßig wegen meiner Wirbelsäule bin. Wir haben im selben Hotel gewohnt, sie kurte auch da. Sie biederte sich gleich sehr bei mir an, und dadurch ging es los. Ich selbst habe nie große Anstrengungen gemacht, eine Frau kennenzulernen. Meine Freundin ist sehr abhängig von ihren Kindern, vor allem vom Sohn. Den hat sie gleich kommen lassen, als sie mich kennenlernte. Bei ihr war es gleich die große Liebe, bei mir war es mehr das Interesse an der Abwechslung. Ihr sehr großzügiger Lebensstil hat mir sicher auch irgendwo imponiert. Sie hat mir gleich, obwohl sie wußte, daß ich verheiratet bin, einen Brillantring geschenkt. Sie dachte wohl, sie könnte mich damit beeinflussen.

Ich habe übrigens keine Kinder. Vielleicht weil ich unterschwellig das Kind meiner Frau bin. Ich fühle mich wahrscheinlich bei ihr so wohl, weil ich weiter der große Junge bleiben kann, der ich bei Muttern war: Meine Frau ist genauso streng und konsequent. Ich meinerseits habe meine Mutter immer ausgetrickst, so wie jetzt meine Frau. Daß Gabriele ihr Unternehmen hat und etwas zu tun, empfinde ich als äußerst vorteilhaft. Dadurch klebt sie nicht an mir. Leider kriegt sie mitunter Anfälle von Eifersucht auf meine Frau, schreit, schimpft und wirft sogar mit Sachen. Ich fühle mich aber keineswegs dazu berufen, mich von Heidi zu trennen. Lebenslänglich wäre meine Freundin nichts für mich.

Meine Mutter war mit uns Kindern sehr streng. Ich war als Nesthäkchen wohl ihr Liebling, habe sie auch zum Schluß gepflegt. Sie war Witwe, hatte vier Kinder und hat sich mit der ihr eigenen Energie meinen Vater geangelt. Dann bekam sie noch mal zwei Kinder, meinen Bruder und mich. Mein Vater hat es verstanden, sich unterzuordnen. Meine Mutter hat ihr eigenes Hotel geführt, dazu sechs Kinder und den Mann. Mein Vater war wie ich Beamter, wurde damals versetzt und wohnte zunächst im Hotel meiner Mutter. So haben sie sich kennengelernt. Er hatte immer seinen Geigenkasten dabei, weil er Hobbymusiker war, eher sensibel. Er war immer sehr gutmütig, aber manchmal hat er sich auch durchgesetzt. Er hat mich zum Beispiel in den Sportclub gehen lassen, obwohl sie dagegen war. An das Theater kann ich mich heute noch erinnern.

Meistens aber war er schlau: Wenn es drastisch wurde, ging er spazieren. Damit ist er der Sache aus dem Wege gegangen, kam dann nach Hause und hat gelesen. So ähnlich mache ich es heute auch. Das wirft mir Heidi jedenfalls mitunter vor. Der Chef im Hause war ohne Zweifel meine Mutter. Und Heidi ist es heute auch. Komischerweise betreibt die auch ein kleines Hotel.

Ich habe mich zuhause sehr wohl gefühlt, blieb unverheiratet und behielt das Elternhaus als Basis, von der aus ich operierte. Es war ja sehr bequem für mich. Und mit der Zeit habe ich den Willen der Mutter etwas unterwandert.

Meine jetzige Freundin kommt öfter zu mir nach Berlin, wir treffen uns dann unter der Woche in dem Hotel, wo sie wohnt.

Meine Frau läßt mir viel Freiheit. Sie hat ihr eigenes Leben, ihre kulturellen Interessen, ihre Freundinnen. Ich kann wegbleiben, sogar verreisen, wann ich will. Sie stellt keine Fragen, weil sie wohl weiß, daß ich sie nie verlassen könnte. Sie nimmt mich eben, wie ich bin.

Meine Mutter dagegen hat mir ständig meinen biederen Vater vorgehalten. Ich habe nämlich, möglicherweise aus Protest gegen seine Rolle, sehr früh und zahlreich Affären gehabt. Mein Vater hat sich kaum getraut, unterm Tisch hervorzuschauen. So ein Ehemann wie er wollte ich natürlich nicht werden. Vielleicht habe ich daher meinen Freiheitsdrang. Einmal kam eine meiner Freundinnen, ich hatte eine längere Affäre mit ihr, zu uns nach Hause und weinte meinen Eltern etwas vor. Da sagte mein Vater so leise, daß es meine Mutter nicht hörte: Warum bindest du dich denn auch...

Vielleicht hat er mich wegen meiner Freiheit beneidet. Ich war das enfant terrible der Familie, mein Vater hat sich in sein Schicksal gefügt, meine Geschwister waren auch eher brav. So wollte ich auf keinen Fall leben. Meine Mutter war allerdings schon sehr tüchtig, sie konnte prima erzählen, hatte Ideen, war auch eine sehr gute Köchin: Alles neben dem Betrieb. Aber eben sehr dominant. Mein Vater muß sie sehr gemocht haben, denn er hat sie immerhin mit vier Kindern geheiratet. Sie war sehr hübsch. Dennoch war sie ihm nie unterwürfig dankbar, sondern hat ihn einfach untergebuttert. Ich glaube schon, daß ich irgendeinen Mutterkomplex habe.

So eine lebenstüchtige, berufstätige Frau ist ganz gut für einen Mann. Die zeigt einem, wo es langgeht. Mit anderen macht man ja, was man will. Eine andere Frau könnte ich wohl kaum respektieren, weil sie zu sehr an einem klebt. Außerdem muß man sich bei einer starken Frau weniger einfallen lassen, was auch viel wert ist, weil sie ja selber Ideen hat und aus unserem gemeinsamen Leben etwas macht.

Wenn ich aufs Geld aus wäre, dann wäre Gabriele natürlich eine gute Sache. Aber das ganze Theater mit der Scheidung und die ganze Aufregung, ach Mensch, das möchte ich mir ersparen. In Sachen Streß bin ich kein Meister. Wenn die Stimmung nämlich gereizt ist, schmeckt der beste Cognac nicht und der beste Schampus auch nicht. Da hock' ich doch lieber alleine in der Kneipe und hau' mir einen hinter die Binde.

Meine Freundin ist eine sehr attraktive Frau, gut angezogen natürlich, aber langsam wird sie mir zu anstrengend. Im Bett ist sie viel zu munter. Nicht totzukriegen. Langsam gehe ich etwas auf Distanz: schiebe vor, keine Zeit zu haben, oder daß meine Frau langsam Verdacht schöpft.

Ich war nie sehr ehrgeizig, deshalb bin ich auch Beamter geworden. Der Beruf hat sich aus meiner Weltanschauung ganz folgerichtig ergeben. Ich habe immer gedacht, je ruhiger du lebst, desto besser. Ich habe nach dem Abitur alles mögliche ausprobiert, unter anderem einen Offizierslehrgang und pädagogische Hochschule. Das habe ich alles geschmissen.

Einmal habe ich meinen Vater dann im Dienst besucht. Das war das auslösende Moment, daß ich Beamter geworden bin. Ich sagte, Vater, ich bewerbe mich.

Ich mochte meine Mutter und meinen Vater, jeden in seiner Art. Für die Kinder haben sie alles getan, nur die Art, wie sie es machten, die war eben verschieden. Mit meiner Mutter hat es bei mir keine aufnehmen können, bis zu ihrem Tod. Anfangs hatte ich so einen Respekt, daß ich mich gar nicht traute, meine Freundinnen nach Hause zu bringen.

Eigentlich kann ihre abweisende Haltung kein Egoismus gewesen sein, sie muß einfach die Weiber zu gut gekannt haben. Schließlich war sie selber eins. Wenn sie aber eine kannte und akzeptiert hatte, dann war sie ganz toll. Meine Frau hätte sie bestimmt respektiert: sie mochte starke Frauen.

Die erste Zeit als Aktiver im Liebesleben habe ich mir gar keine Gedanken über Frauen gemacht, da habe ich sie, wenn ich ganz ehrlich bin, als eine Art Gebrauchsartikel angesehen. Ich bin nie länger als eine Woche mit einer zusammengewesen. So mit sechzehn/siebzehn auf dem Gymnasium fingen diese Beziehungen an.

Meine Mutter meinte dann, das ginge so nicht. Aber ich hab' sie nur reden lassen.

Als Teenager war ich aber doch einmal ernstlich verliebt, das Mädchen verunglückte dann und war tot. Und dann etwas später hat es mich noch mal erwischt, die war beim Film. Eigentlich war ich im Grunde nie ein großer Sexualmensch. Ich habe immer gestoppt. Mir hat mal eine Frau gesagt, daß ich ein Eintagsvögler bin. Dann hing es mir nämlich schon zum Hals heraus. Ich sah mich im Spiegel an und sah, daß der Abend Spuren hinterlassen hatte. Daraufhin war Feierabend, vier Wochen mindestens. Und dann erst bin ich wieder an etwas herangegangen. Bei meinen Frauengeschichten war und ist mir der Sex gar nicht so wichtig, eher die Bestätigung. Auch die von der Umwelt, von meinen Freunden. Vor allem ist mir das Ausgehen, das Gut-angezogen-Sein, das Erobern, Jagen und Gucken wichtig. Das ist mein Elixier. Die Bumserei könnte ich mir sehr oft schenken. Ich habe natürlich auch andere Männer kennengelernt, die ähnlich gelagerte Interessen hatten, das spornt einen dann noch an. Das Jagen und Gesehenwerden in großen Cafés und Bars ist für mich wirklich das Primäre. Was sich dann daraus ergibt – es ergibt sich ja eigentlich immer was daraus –, das ist sekundär. Ich merke mir bei Gelegenheitsbekanntschaften schon nicht mal die Hausnummer. So was läuft immer, auch neben meiner festen Geliebten. In letzter Zeit mit Aids und so muß man ja etwas vorsichtiger sein. Deshalb tendiere ich jetzt mehr zu Gabriele.

Im Grunde sind die Beziehungen, die ich anknüpfe, mehr das Nebenprodukt meiner abendlichen Tätigkeiten. Die blieben immer als Zugabe an mir hängen. Das ist bei den meisten Männern so. Bei den einen setzt sich das bis ins hohe Alter fort, und die anderen werden früher vernünftig und etwas ernster. Darauf warte ich eigentlich noch, und meine Frau wohl auch. Aber mit der Zeit, das weiß sie, hat sie mich unweigerlich für sich allein...

Das ganze Leben wird vom Aussehen beeinflußt. Es ist doch klar, daß einer, der gut aussieht, ganz andere Möglichkeiten hat als einer mit Schimmelpilz. Wenn man gut aussieht, dann ist das schon ein Stück Schicksal. Meine Freundinnen wollten mich meistens gleich heiraten. Sie haben es mit allen Maschen versucht. Nur meine Frau, die wollte absolut nicht, das hat mich natürlich interessiert.

Meine Freundin hat dazu auch keine Lust. Es reicht ihr, wenn wir uns einmal die Woche treffen, mal zusammen zur Kur gehen. Sie will gar nicht mehr. Sie hat ihre Arbeit und ihre Kinder, ihr eigenes Umfeld.

Seit die Pille aus der Mode kam, wurden einige meiner Freundinnen angeblich schwanger. Das hat bei mir schon Feindbilder geschaffen. Da wird man vorsichtig. Nach einiger Zeit habe ich mir dann lieber Karrierefrauen gesucht, die ihre Abtreibungen selber zahlen konnten. Meine Mutter sagte auch immer: Fall bloß nicht darauf rein, das ist alles Schwindel. Ich habe ihr zwar nichts davon erzählt, aber sie hat meine Telefonate belauscht und meine Post gelesen. Was ihr nicht paßte, das habe ich gar nicht zu sehen bekommen.

Aber offenbar liebe ich dominante Frauen wie meine Mutter, trotz allem. An und für sich brauche ich auch so was. Ich werde sonst zu träge. Mir ist das lieber als dies weiche Geknete, weil es aufrichtiger ist. Frauen, die immer nachgeben, sind mit Vorsicht zu genießen. Es ist besser, wenn einem eine, wie meine Mutter oder meine Frau, alles geradeaus auf den Kopf knallt. Da weiß man, woran man ist.

Die beiden ähneln sich sehr, auch in den Ausdrücken. Ich denke bei meiner Frau manchmal, ich hätte meine Mutter vor mir. Wenn es meine Frau für angebracht hält, ist sie ziemlich brutal. Bumm, auf den Kopf. Manchmal kann sie aber auch ganz zart sein ... Im Grunde ist auch Gabriele von diesem Schlag. Selbständig, energisch, geradeheraus und ziemlich dominierend. Solche Frauen sind wohl mein Typ ...

Heinrich P. ist lang, dünn und vom flapsigen Charme der Berliner, Harald Juhnke läßt schön grüßen. Aber je länger ich mit ihm rede, desto mehr gewinnt er die Gestalt des bayerischen »Monaco-Franze«, des »ewigen Stenz«.

Unschuldsvoll legt er sein Liebesleben dar, wobei es nur eine einzige Konstante gibt: Heinrich P. kommt immer ungeschoren davon.

Seit »Muttern« tot ist, hat der langjährige Junggeselle nun eine Ehefrau, die ihm sagt, wo es langgeht.

»Spatzl« nennt er sie aber nicht. »So was«, sagt er, »brauche ich auch, sonst werde ich zu träge.« Dennoch ist er ständig bemüht, seine Frau auszutricksen, ganz so wie damals »Muttern«, die offenbar sehr

streng war. Gabriele, seine augenblickliche Freundin, ist vom selben Schlag: Stark, beruflich sehr engagiert und – zusätzlich – sehr auf ihre Kinder fixiert. »Sie klebt nicht an mir«, meint Heinrich P. anerkennend.

„Meine Geliebten wollten keine Verpflichtungen, nur anderswo ein bißchen naschen“

Herbert W., 51, Kfz-Ingenieur, Fluglehrer, geschieden wegen Geliebter, vier Kinder

In meine Frau war ich sehr verliebt. Sie sah damals aus wie die Filmschauspielerin Marina Vlady, und sie ist auch heute noch sehr attraktiv, sehr gepflegt, wirklich toll.

Wir heirateten, es war wirklich die große Liebe. Der erste ernsthafte Konfliktpunkt war, daß meine Frau nach einer Krankheit kein Kind mehr bekam. Es gab immer wieder Reibereien. Für sie war es schwer, daß ich schon zwei ledige Kinder hatte, Zwillinge, und sie konnte keins bekommen. Es gab auch Streit um die Zahlungen, die ich zu leisten hatte, da war sicher auch Eifersucht im Spiel. Für Zwillinge gibt es leider keinen Mengenrabatt.

Wir hatten uns vorgestellt, daß wir, nachdem wir die Wohnung eingerichtet hatten, eben ein Kind bekämen. Wir lebten beim Schwiegervater im Haus, wo meine Frau heute noch lebt. Mein Verdienst war damals nicht der allerbeste, ich habe sehr viel nebenbei gearbeitet, meine Frau hat zum Teil mehr verdient als ich. Ich wollte ihr etwas bieten und habe nebenbei Unfallautos hergerichtet. Allerdings – das Üben fürs Kind war auch nicht so schlecht, es gab ja auch nicht immer Streitereien.

Ein Onkel von mir war Arzt, der hat uns dann beraten, und meine Frau ließ sich operieren. Dann hat es schließlich geklappt. Nach fünfjähriger Ehe kam unsere erste Tochter auf die Welt, es war alles eitel Sonnenschein. Es war super, wir waren sehr happy. Ich habe das Kind auch gewickelt und betreut, weil ich das von meiner kleinen Schwester her gewohnt war. Eine Zeitlang war alles sehr schön.

Wir haben bis heute gleiche Interessen wie Skifahren und Tennis und haben immer noch eine Bindung aneinander. Inzwischen haben wir schon dreimal probiert, nach unserer Scheidung wieder zusammenzuleben, aber das wird nichts.

Meine Frau hat inzwischen ihr eigenes Leben aufgebaut, ich habe auch mein eigenes Leben; wenn wir zu lange zusammen sind, gibt es wieder Reibereien. Sie sagt, ich zöge dauernd die Hasen umeinander, aber dem ist gar nicht so.

In der Ehe darf man den Partner eben nicht als Eigentum betrachten, man muß sehr tolerant sein, und das ist schwer.

Ich war viel unterwegs im Außendienst, habe mich mit Kollegen getroffen, da war es schon lustig, aber ich habe eigentlich nie etwas mit Mädchen zu tun gehabt. Da lief nichts, aber das wollte meine Frau nicht glauben. Den Männern ist oft das Gruppenerlebnis viel wichtiger als Frauengeschichten. Es wurde dann schon mal spät, meine Frau sagte dann: So, bist du auch schon da...

Meine Frau hat auch weiterhin nebenbei gearbeitet, zu Hause. Sie war immer beschäftigt. Eine bessere Frau kann man sich eigentlich nicht vorstellen: Sportlich, aktiv, hübsch, adrett, dazu sehr intelligent und beruflich erfolgreich. Sie war allerdings gefühlsmäßig immer sehr zurückhaltend. Bei den Streicheleinheiten war sie weniger aktiv, und die braucht ein Mann genauso wie eine Frau. Ich bin nur einmal nebenraus gegangen, aber meine Frau sieht das ganz anders. Sie ist von Natur aus sehr mißtrauisch und glaubt mir das bis heute nicht. Vielleicht fühlt sie sich immer noch verheiratet mit mir.

Sie macht mir auch immer noch Vorwürfe, wenn ich mal wieder eine Freundin habe. Ich fühle mich noch nicht völlig frei. Die Kinder binden uns ja auch sehr. Deswegen sind wir nie so ganz auseinandergegangen. Trotz der Scheidung. Man fühlt sich immer noch gegenüber dem anderen verantwortlich. Innerlich noch irgendwie verheiratet. Eines Tages, nach acht Jahren Ehe, habe ich also eine Kollegin kennengelernt auf einem Faschingsball, die hat sehr gut ausgesehen, und mit der bin ich dann fremdgegangen. Das war die einzige, die nicht blond war. Sonst habe ich immer wieder den gleichen Typ. Wie meine Frau eigentlich. Ganz im Hinterstübchen ist dieses Bild verankert. Dieses Mädchen hat sich als sehr feurige Frau erwiesen. Wir haben an dem Faschingsball getanzt und ein bißchen geschmust, normalerweise vergißt man so was. Aber nachdem ich zuhause sowieso zu Unrecht Vorhaltungen bekam, habe ich es eben einmal gemacht. Als reine Trotzreaktion. Wenn sie sowieso denkt, ich geh' fremd, dachte ich mir, dann kann ich es eigentlich auch machen.

Die Affäre mit der Kollegin war rein sexuell, sehr erotisch. Ich war in meine Freundin schon etwas verliebt, bin dann auch öfter spät heimgekommen. Meine Frau hat dann recherchiert, ist mir mal nachgefahren, sie wollte sich jedenfalls sofort scheiden lassen. Das Mädchen war nicht wesentlich jünger, nur vier Jahre. Sie hatte nicht diese Kühle, die meiner Frau zu eigen war, das war ihr Vorteil oder auch die Schwäche meiner Ehe, wie man will. Es war mit ihr alles sehr einfach, weil wir keine Probleme zu besprechen hatten. Erst als es meine Frau spitzkriegte, gab es welche.

Anfänglich war die Geschichte vom Alltag völlig losgelöst, es gab keinen Alltagsärger, keine Vorhaltungen.

Ich hatte ein sehr schlechtes Gewissen meiner Frau gegenüber, weil ich sie belog.

Vor allem wegen der Lüge, weniger deshalb, weil man mit einer anderen schläft. Weil man das Vertrauen des anderen gebrochen hat. Wenn da einer keine Gewissensbisse hat, ist er entweder total kühl oder hat einen Felsbrocken in der Brust. Ich hatte Gewissensbisse, obwohl ich zu dieser Zeit eine Wut auf meine Frau hatte. Sie war sehr eifersüchtig, hatte mich schon jahrelang zu Unrecht verdächtigt, aber ich muß zugeben, daß ich auch sehr eifersüchtig bin. Daß meine Frau jetzt einen Freund hat, macht mir aber nichts aus. Wir sind ja schließlich geschieden.

Ich war für sie immer der Playboy, der Buhmann, weil ich ja schon zwei ledige Kinder hatte. Dieser Seitensprung war auch höchst dramatisch, ich mußte im Wohnzimmer schlafen, der Scheidungstermin rückte heran. Ich galt als lockeres Vögelchen, obwohl ich eigentlich gar keins war. Eine Woche vor dem Scheidungstermin habe ich dann gemerkt, daß mir meine Frau und meine Tochter mehr wert waren als meine Freundin. Ich hatte das alles ja gar nicht so recht gewollt. Meine Frau hatte sich eben, weil es so lange nicht geklappt hatte, voll auf das Kind konzentriert und mich so nebenherlaufen lassen. Und dann habe ich mit Trotz reagiert...

Meine Freundin hatte nebenbei noch einen anderen Freund, der war interessanterweise auch verheiratet...

Eine Woche vor der Scheidung habe ich mit ihr Schluß gemacht und bin mit meiner Frau zusammengeblieben. Ein Jahr später kam dann unsere zweite Tochter, quasi als Versöhnungskind, auf die Welt.

Mit diesem Kind hat mich meine Frau ein bißchen reingelegt. Sie hat ohne mein Wissen die Pille abgesetzt. Sie sagt heute, daß sie geglaubt hätte, mich mit zwei Kindern an sich binden zu können. Daß so etwas mit zwei Kindern nicht mehr passieren würde. Das war der Vertrauensbruch auf der anderen Seite. Unsere Ehe lief dann ganz gut. Geschieden worden sind wir schließlich auch wegen einer anderen Frau.

Zwei Jahre später habe ich ein Mädchen kennengelernt, die kam jeden Tag bei mir vorgefahren, wenn ich in Traunstein war. Sie war sehr lieb, sehr nett. Ich war dort von meiner Dienststelle aus im Außendienst. Es hat sich eine Freundschaft angebahnt. Das Mädchen wußte, daß ich verheiratet war, ich hatte im Auto die Babyschuhe meiner Töchter hängen. Sie hat sich auf nichts eingelassen, wenn ich sie einlud. Nur durch Zufall traf ich sie in einem Tanzcafé in Reichenhall. Ich tanzte und war lustig mit ihr, ihrer Schwester und einigen Kollegen. Drei Jahre hat sie mich hingehalten, sie sagte immer: Du bist verheiratet, ich will nichts von dir wissen. Wenn sie gewollt hätte, wäre sie bestimmt nicht von der Bettkante zu weisen gewesen. Sie war auch blond und blauäugig. Ich habe sie schon gemocht, so ist das nicht. Sie war mir sehr sympathisch.

Auch sie war, wie meine erste Freundin, sehr tüchtig im Beruf. Auch die erste wollte nicht geheiratet werden, sie wollte neben dem Beruf nur ein bißchen Vergnügen haben. Als meine Frau dann ernst machte mit der Scheidung, war sie nicht so angetan. Schöne Zeiten wollte sie, keine Probleme. Bei der ersten Freundin war schließlich auch die Bindung an ihren anderen verheirateten Freund stärker. Der war ja trotz seiner Ehe der langfristigere Freund. Ich weiß, daß diese Frau bis heute nicht verheiratet ist. Kann sein, daß sie immer auf verheiratete Männer fliegt, da hat sie vielleicht einen Schlag weg, aus Angst vor Bindung vielleicht?

Ich glaube, sie wollte einfach ein ganz unkompliziertes Verhältnis haben, sie brauchte kein Hemd zu bügeln für mich, sie brauchte nichts zu tun. Sie hatte nur das Vergnügen. Die grauen Alltagssorgen bestanden für sie nicht. Wenn sie etwas brauchte, dann stand ich schon für sie ein, half ihr. Da ist man ja ritterlich. Man versucht, gut dazustehen, macht in der Wohnung die Vorhangschienen an. Sie hatte kaum Verpflichtungen.

Ich glaube, daß Frauen wie meine erste Freundin einfach Angst vor dem Leben haben und deshalb ohne Verpflichtungen anderswo ein bißchen naschen wollen. Sie sagen sich: Der soll sich ausruhen bei mir, dem mach' ich es schön, und dafür habe ich auch nur das Schöne. Auf der anderen Seite sind solche Frauen aber immer das fünfte Rad am Wagen. Wochenende, Weihnachten, Ostern, Pfingsten und so weiter sind sie immer allein. Sie müssen für das Vergnügen schon auch Zugeständnisse machen. Der Mann ist von Natur zum Jagen geboren. Manche sind allerdings so charakterfest, daß sie keinen Seitensprung machen. Solche Männer gibt's. Aber grundsätzlich ist es doch so, daß man sich halt in jedem Lokal die Frauen anschaut, die da so hereinkommen. Eine ist einem sympathisch, man schaut hin, ein kleiner Flirt. Blicke bringen es ja schon. Da könnte man oft Weiteres draus machen...

Mein Scheidungsgrund war im elterlichen Betrieb beschäftigt, war also auch eine unabhängige Frau. Sie hat so lange nicht mit mir geschlafen, bis die Trennung von meiner Frau vollzogen war. Was man nicht bekommt, möchte man ja besonders gerne haben. Natürlich war sie auch blond und blauäugig. Ich hatte ein Bild von ihr in der Tasche, das fand meine Frau und machte mir heftige Vorwürfe, obwohl ja bisher nichts dahinter war. Na gut, vom Gefühl her war schon was dahinter, ich habe halt nur nichts mit ihr gehabt.

Die Freundin hatte nämlich eine große Liebe – und der war auch verheiratet!

Der Mann war Musiker, viel unterwegs, ich mußte überall mit ihr hin, wo er auftrat...

Am Tag der Trennung von meiner Frau, die mir natürlich nicht geglaubt hat, bin ich zu ihr gezogen. Wir waren dann acht Jahre zusammen. Ich hatte vom Heiraten die Nase voll, mußte auch viel Unterhalt zahlen. Mich, sagte ich, nagelt keine mehr fest. Nach drei Jahren Zusammenleben war sie mit ihrer Schwester eine Woche beim Skifahren (ich war in Schottland), kam zurück und sagte mir, daß sie sich eine eigene Wohnung genommen habe. Wir trennten uns zunächst. Ich habe dann wieder mit meiner Frau angebandelt und Versuche unternommen. Meine Freundin hatte beim Skifahren auch einen anderen kennengelernt. Es ging dann noch einige Jahre hin und her. Es war ja auch nicht immer leicht für sie: Meine Mutter war immer in Kontakt mit den Kindern und meiner Frau, Weihnachten feierte ich immer mit meiner Frau und den Kindern, sie fuhr immer zu ihren Eltern.

Es fällt mir auf, daß ich immer von meiner Frau, nie von meiner Exfrau spreche. Sie ist schon irgendwo immer noch meine Frau. Das ist mir von einem Mädchen schon einmal schwer angekreidet worden. Meine Frau ist ja nun mal die einzige Frau, mit der ich verheiratet war. Vielleicht heiraten wir im Altersheim noch mal...

Es fällt mir auch auf, daß fast alle meine Lieben blond und blauäugig waren, das genaue Gegenteil zu meiner Mutter. Die war ganz dunkel, immer die »grande dame«. Sie starb vor drei Jahren. Ich hatte das beste Verhältnis zu ihr, ich war der Älteste, ein Wunschkind. Meine zwei Geschwister sind wesentlich jünger. Meine Eltern haben eine Liebesehe geführt, es war bei uns sehr harmonisch. Wir stammen aus Oberschlesien. Mein Vater war Fluglehrer, meine Mutter hat nie außer Haus gearbeitet. Mein Vater ist ein einziges Mal fremdgegangen, das hat mir meine Mutter später erzählt. Er wollte seinen Freunden imponieren, die hatten ihn als Pantoffelhelden gehänselt.

Mein Vater fiel in Italien, als meine Mutter mit meiner Schwester im sechsten Monat schwanger war. Meine Mutter hat nie wieder geheiratet.

Sie wußte genau, was sie wollte, hatte auch keine Angst, vor nichts. Sie war sehr stark und doch sentimental, hat den Tod meines Vaters nie verwunden. Deshalb hat sie auch ihren späteren Lebensgefährten nie geheiratet. Obwohl sie 38 Jahre mit ihm gelebt hat, er uns großgezogen hat. Sie sagte, es wäre wegen der Rente. Aber sie wollte ihre Unabhängigkeit bewahren. Wir Kinder haben alle zu ihm nur Onkel gesagt...

Jetzt war ich gerade wieder fünf Monate mit einer Frau zusammen, das ist nun auseinander. Es war ein Superverhältnis. Aber sie hat mich eifersüchtig gemacht. Der Grund: Sie ist verheiratet und hat noch Kontakt zu ihrem Mann...

Man ist eifersüchtig aus Angst davor, daß man den anderen verliert. Wenn man nicht eifersüchtig ist, liebt man wohl nicht. Geliebt habe ich von allen nur meine Frau, meinen Scheidungsgrund und meine letzte Freundin.

Meine Zukunft? Ich weiß nicht recht, ob ich noch mal mit meiner Frau zusammenkomme. Es gibt so viele nette Frauen auf der Welt...

Für Herbert W.s Exfrau ist er immer noch der »Playboy«. Und so sieht er auch aus: Graumelierte Locken, sonore Stimme, einige Hemdknöpfe offen, Goldkettchen. Das ganze Repertoire. Aber »innerlich, da fühle ich mich noch immer irgendwie mit ihr verheiratet«. Wohl der Grund, weshalb er sie noch immer »meine Frau« nennt.

Zwei Geliebte haben die Ehe zum Scheitern gebracht. Allerdings nicht aktiv. Sie waren beide beruflich etabliert und »wollten nur schöne Zeiten und keine Probleme«.

Probleme machte dann die Ehefrau, die mit zwei kleinen Kindern zuhause saß.

»Schöne Zeiten und keine Probleme« will Herbert W. jetzt wohl auch und vor allem. Denn fürs Herz sind da noch immer irgendwo Exfrau und Töchter, der ganze Clan, auch wenn es noch so viele nette Frauen auf der Welt gibt...

Sind Karrierefrauen die geborenen Geliebten?

»Er war da, wenn ich ihn brauchte, aber aus der Ferne, stellte keine Ansprüche. Er war sehr pflegeleicht«, sagt Alexa W. über ihren verheirateten Freund. Sie empfand es als angenehm, in Ruhe die Lösung aus ihrer gescheiterten Ehe zu vollziehen, sich beruflich etwas aufzubauen, ohne bedrängt zu werden. Alexa W. spricht für die Mehrzahl der interviewten Frauen, die überwiegend die Distanz zum geliebten Mann zu schätzen wissen. Sind Karrierefrauen also die geborenen Geliebten? Wohl kaum.

Es kann jedoch kaum zufällig sein, daß viele Frauen, mit denen ich Kontakt hatte, bereits eine Anzahl solcher Beziehungen hinter sich hatten.

Judith K., die schon zum dritten Mal mit einem gebundenen Mann liiert ist, sagt ganz klar: »Ich könnte mir vorstellen, mich in Zukunft wieder mit einem verheirateten Partner zusammenzutun, der mir meine Freiheit erleichtert.«

Die Frauen kehren aber die Leidenspunkte dieser Beziehungen keineswegs unter den Teppich. Sind sich im Gegenteil der praktischen und emotionalen Nachteile vollauf bewußt. In den Interviews wird ohne Beschönigung darüber gesprochen. Wägen meine Gesprächspartnerinnen jedoch sämtliche Pros und Contras gegeneinander ab, bleibt unterm Strich die Feststellung: »Inzwischen genieße ich diese Beziehung sehr.« (Sonja A.)

Die erfolgreichen Frauen, mit denen ich sprach, zeigten jedenfalls überwiegend wenig Neigung, in einer Ehe, wie Moravia empfiehlt, »aus Prosa Poesie zu machen«. Sie überließen die Prosa lieber einer anderen und genossen nur dann und wann die Poesie mit den

Geliebten. Es spricht viel dafür, daß sich im Zeitalter zunehmender weiblicher Selbständigkeit ein neuer Typ der Geliebten etabliert, für den – aus welchen praktischen und psychischen Notwendigkeiten auch immer – ein gebundener Mann auf Dauer oder auch nur für eine gewisse Zeit vortrefflich ins Leben paßt.

Warum?

Geistig und kräftemäßig gefordert im Beruf, emotional oft ausgefüllt durch Kinder aus früheren Ehen, haben »Karrierefrauen« den Mann, sei er nun gebunden oder nicht, auf keinen Fall mehr so bitter nötig wie die Frauengenerationen vor ihnen. Es ist inzwischen besonders für beruflich hochqualifizierte Frauen unnötig, sich zur sozialen oder finanziellen Absicherung einen Mann zu »angeln«, wie das noch bis vor einigen Jahrzehnten nahezu unumgänglich war. Immerhin galt noch bis in die 60er Jahre hinein in der Bundesrepublik das Ideal der Hausfrauenehe, in der die Gattin berechtigt war, außer Haus zu arbeiten, »sofern sich das mit ihren Pflichten im Heim vereinbaren« ließ. Laut Statistischem Bundesamt leben inzwischen nur noch 46,5 Prozent der Frauen vom Geld anderer, zehn Millionen Frauen verdienen schon ihr eigenes Geld im Beruf. Noch vor fünf Jahren lebte mehr als die Hälfte der Frauen vom Geld ihres berufstätigen Partners oder von anderen Angehörigen. Bedenkt man weiter, daß bei uns jede dritte Ehe scheitert, immer mehr Frauen allein leben und die Singlehaushalte die am stärksten ansteigende Gruppe sind, nimmt es nicht Wunder, daß es für die Frauen an Gewicht verliert, einen Mann ihr eigen zu nennen. Geschweige denn, ihn zum Angelpunkt ihres Lebens zu machen, um den sich, verheiratet oder nicht, alles zu drehen hat. Schon gar nicht hochqualifizierte Berufsfrauen, auf die ich mein Augenmerk gerichtet habe.

Sie gehören, was Ausbildung, Motivation und Bewußtseinsstand angeht, ohnehin hierzulande zur Avantgarde, stehen traditionellen Rollenbildern für Frauen äußerst skeptisch gegenüber und stellen Ansprüche ans Leben, die vor wenigen Jahren noch Männern vorbehalten waren. Vor allem aber möchten sie ein ausgefülltes Berufsleben und eine autonome Lebensweise mit einem befriedigenden Liebesleben vereinbaren. Und dabei hatten sie bisher die Wahl, eine abgerackerte, doppelbelastete Karriere- und Familienfrau oder eine verkniffene Berufsjungfer zu werden. Kein Wunder, daß für einige dieser Frauen die neuerdings am Horizont aufscheinende Alternative der kultivierten, beruflich erfolgreichen Frau mit pflegeleichtem, verheiratetem Geliebten nahezu anheimelnd erscheint...

Dieser Mann, der – weil gebunden – nicht die traditionellen Ansprüche an seine Freundin stellen kann und mit dem es vielleicht gelingen mag, Liebe und Autonomie unter einen Hut zu bringen, läuft im Leben meiner Interviewpartnerinnen gewissermaßen »nebenher«. Ein Umstand, mit dem sich die meisten »freien« Männer nur schwer abfinden würden. Der gebundene Freund deckt – so ergeben meine Interviews – den Bereich der Erotik, teilweise auch den der Freizeit ab. Mitunter springt er auch in Krisen ein. Mehr wird von ihm oft gar nicht erwartet.

Der anderweitig aufgeräumte Mann, der seiner Geliebten notgedrungen den nötigen Freiraum für berufliche Entfaltung und private Entwicklung läßt, erscheint den Frauen in meiner Untersuchung attraktiver als ein Junggeselle, der ständig Zeit, Mühe und Rücksicht fordert, womöglich sogar ein Hausmütterchen erwartet, »das ihn bekocht und seine Hemden bügelt« (Alexa W.).

Einige Frauen berichten, wie sehr sie sich von den Ansprüchen und Bindungswünschen unverheirateter Freunde bedrängt gefühlt hätten (Nadja Z.: »Als er zu mir ziehen wollte, war es aus.«). Und wie frei sie sich jetzt dagegen mit einem gebundenen Mann fühlen.

Einen unverheirateten Geliebten auf Distanz zu halten ist weitaus mühsamer, als einen verheirateten Mann zu lieben, der von sich aus Distanz garantiert. So gesehen erscheint ein durch eine Ehe gebremster Mann als eine mögliche Alternative für Karrierefrauen, die nicht auf ihre mühsam erkämpfte Selbständigkeit verzichten wollen. Und die im Augenblick oder auch auf Dauer zu keinen Verpflichtungen genötigt werden wollen. In den letzten Jahren kam noch ein weiterer wichtiger Aspekt hinzu: Eine langfristige Beziehung mit einem gebundenen Mann setzt das gesundheitliche Risiko herab, mit dem kurzfristige Abenteuer oder »Eine-Nacht-Geschichten« im Zeitalter von Aids behaftet sind, die daher als Lieferanten von Streicheleinheiten kaum noch in Frage kommen. In den ausführlichen Interviews nennen die Frauen ganz unterschiedliche

Gründe für ihre Entscheidung, mit einem verheirateten Mann befreundet zu sein:

Bindungsscheu

Es fällt auf, daß kaum eine meiner Interviewpartnerinnen die Ehe der Eltern als harmonisch beschreibt. Die Beziehung zu den Eltern oder zu einem Elternteil ist zumeist gespannt. Insgesamt wird die Beziehung der Eltern oft als »zu eng, zu symbiotisch« (Eva R.) abgelehnt. Selbst Judith K., die aus ihrer heimatlichen Großfamilie soviel Kraft und Autonomie geschöpft hat, räumt ein: »Irgendwo muß mich diese Harmonie auch erschreckt haben.«

Als erstickend erlebte Beziehungen zwischen den Eltern, die meist auf Kosten der Entfaltungsmöglichkeiten für die Mütter gingen (Anna M.: »Meine Mutter hat sich bei der Eheschließung selbst aufgegeben.«), führen dazu, daß diese Frauen »ganz klar eine Bindungsangst« (Anna M.) entwickelt haben. Die Psychologin Anna M. erinnert sich: »Ich habe diese Ästhetik und damit die Frauenrolle abgelehnt, die meine Mutter repräsentierte.« Weit interessanter erschien ihr vermutlich die Welt des Vaters, der beruflich engagiert und viel unterwegs war, so wie Anna M. heute. Auf ihn konnte sie sehnsüchtig warten und hoffen. Es ist wohl kaum zufällig, daß Anna M. seit nunmehr zwanzig Jahren eine Beziehung zu einem verheirateten Mann unterhält, der ihr ebendiese »permanente Sehnsucht« bietet, ohne dabei ihre Autonomie zu bedrohen ...

Auch bei Eva R. hat die allzu »symbiotische« Ehe der Eltern ihre Spuren hinterlassen. Obwohl in ihr langsam die Bereitschaft zu einer neuen, festeren Bindung reift, fühlt sie »Panik aufsteigen«, wenn sie an eine Ehe denkt. Nicht anders ergeht es Nadja Z., deren Bindungsängste allerdings anders gelagert sind. Sie wuchs unehelich auf, ihre Mutter starb früh. Nadja Z. erscheint nun jede Bindung an andere Menschen zwangsläufig als allzu riskantes Unternehmen. Sie sagt: »Wenn dieser Mensch dann geht oder stirbt, muß man wieder ganz von vorn anfangen.« Nadja Z. verteilt ihr Risiko daher lieber auf zwei Männer sowie einen exorbitanten Freundeskreis. Auch Erika K., deren Vater die »Familie terrorisierte«, deutet Angst vor

Nähe an, ebenso ihre Tochter Clarissa K., deren Vater wegen Scheidung früh aus ihrem unmittelbaren Blickfeld verschwand. Die »Beziehungskisten« der Eltern eigneten sich nur schwer als ermutigendes Vorbild für Töchter, die erst noch ihre Rolle als Frau finden mußten.

Rücksicht auf die Kinder

Überwiegend praktische Gründe scheinen bei den geschiedenen Müttern unter meinen Interviewpartnerinnen vorzuherrschen, wenn es um die Beziehung zu einem anderweitig gebundenen Mann geht. »Die Kinder sind nicht traurig, wenn er wieder geht, weil sie mich dann wieder für sich allein haben«, sagt Sonja A. Ihre beiden aufgeweckten Teenagertöchter würden jeden »Stiefvater wegbeißen«. Sonja A. zieht es deshalb vor, einen Mann zu lieben, der keinerlei Ambitionen in dieser Richtung hat. Die erwachsene Tochter von Erika K., Clarissa K., bestätigt: »Wir hätten damals, nach der Scheidung, einen anderen als unseren Vater niemals akzeptiert.« Offenbar ist es wichtig für diese berufstätigen, alleinerziehenden Mütter, ernstere Konflikte mit den Kindern zu vermeiden, ihnen einen Stiefvater zu ersparen und dennoch einen Freund zu haben. Auf Distanz.

Hinzu kommen sicherlich noch tiefer liegende seelische Gründe. Beide Frauen wurden von ihren Vätern mißhandelt und haben ihr Elternhaus als »Psychomühle« (Sonja A.) in Erinnerung. Beide haben aus Angst, erneut an einen gewalttätigen Mann zu geraten, alkoholkranke Schwächlinge geheiratet, was vermutlich ihre negative Einstellung zu »Ehemännern« nur verstärkte. Es ist nur zu begreiflich, daß diese Frauen nun Männer jeder Art ein für allemal auf Distanz halten wollen. Auch um den Preis gelegentlicher Frustrationen ...

Vaterproblematik

Einige Frauen nannten nicht das Scheitern der elterlichen Beziehung als das Hauptproblem ihrer Kindheit, sondern die Tatsache, »daß sich der bis dahin zuverlässige Vater als unzuverlässig erwiesen« hatte. Alexa W. mußte sich alles »über die Freundinnen meines Vaters« anhören, den Haushalt führen, bis sie zusammenbrach. Alexandra von R. hat den Kontakt zu ihrem Vater völlig abgebrochen, nachdem er die Familie verlassen hatte. Dennoch ist Alexandra von R. davon überzeugt, unter der Beziehung zu ihrem verheirateten Freund zu leiden, »im Grunde heiraten und mit ihm Kinder haben zu wollen«. Nicht sie halte Abstand, sondern ihr Freund. Es erscheint wiederum kaum zufällig, daß dieser Mann wesentlich älter ist, sie auf Distanz hält und leiden läßt...

Wunsch nach eigener Entfaltung

Einige meiner Interviewfrauen bezeichneten ihre Beziehung unumwunden als »Übergangslösung« (Eva R.) oder sogar als »Sprungbrett« (Alexa W.). Beide Frauen verstehen die Zeit, die sie mit einem verheirateten Mann verleben, offenbar als Gelegenheit, sich in Ruhe zu entfalten, den eigenen Weg, beruflich wie privat, zu finden. Für beide, die sich mit großer Klarheit Rechenschaft ablegen über ihre Motive, scheint diese Übergangsphase nun zu Ende zu gehen. Sie geben an, in dieser Beziehung gereift zu sein und allmählich zu einer umfassenderen Beziehung zu einem anderen Mann fähig zu werden. Beide haben in der Beziehung zu einem gebundenen Mann aufgeatmet, zumindest zunächst. Bei Eva R. scheint das spielerische Element sehr ausgeprägt, die »Neugier aufs Leben«, wie sie sagt. Für Alexa W. schien die Beziehung zu einer Art Befreiung zu führen, wie sie die Soziologin Laurel Richardson beschreibt: »Bei einem verheirateten Mann haben viele Frauen das Gefühl, es riskieren zu können, ihre Unzulänglichkeiten und Ängste zu äußern, ohne zu riskieren, von anderen entdeckt zu werden oder sich zu sehr einzulassen.« Das gilt auch für die Sexualität. Alexa W. gibt an, mit Walter V. sehr frei und experimentierfreudig umgegangen zu sein. Laurel Richardson: »In einer Beziehung mit einem verheirateten Mann kann die Frau neue Definitionen ihres sexuellen Ichs ausprobieren und praktizieren, da sie außerhalb der Zwänge der Konvention verläuft. Solch eine Beziehung gibt ihr Zeit und Freiheit, sich neu zu bestimmen.«

Freiheitsdrang

Bei einigen Frauen lag, wurden sie nach dem Warum der Beziehung zu einem verheirateten Mann gefragt, das Gewicht stark auf ihrem »Freiheitsdrang«. Dies trifft insbesondere auf Judith K. zu, deren Gelassenheit und Kraft besonders ausgeprägt sind. Zweifellos will sie, inzwischen fast 40, den Rest ihres Lebens unverheiratet bleiben und verspürt auch nicht den Wunsch nach einem Kind, der ihrer Freundin Alexa W. zu schaffen macht. Judith K. lehnt traditionelle weibliche Verhaltensmuster völlig ab, hat auch »keinerlei Bedürfnis nach dem Wörtchen wir«. Wiederum im Gegensatz zu Alexa W.

Auch Nadja Z. und Anja L. sprechen von großem Freiheitsdrang, können ihn auch biographisch »belegen«: Anja L. hielt es nicht in ihrem konservativen Elternhaus, Nadja Z. brach aus ihrer Ehe aus. Sie brachen auf zu neuen Ufern, in die Großstadt, lebten ziemlich unkonventionell. Anja L. durchlief inzwischen über Jahre einen Entwicklungsprozeß, in dem sie zur Geschäftsfrau wurde und sich allmählich aus der Abhängigkeit von ihrem verheirateten Freund löste, seelisch wie finanziell.

Gescheiterte Beziehungen

Die Frauen, von denen in diesem Buch die Rede ist, haben bereits eine Strecke ihres Weges zurückgelegt, haben Ehen hinter sich, haben Kinder geboren, Verluste erlebt, Erfolge gefeiert. Natürlich gehen diese Frauen, die im Durchschnitt um die 40 sind, an Bindungen generell skeptischer heran, als sie es vermutlich mit zwanzig taten. Sei der Partner nun gebunden oder nicht. Überdies haben sie zumeist gescheiterte Beziehungen hinter sich und den Traum von dem

EINEN, der sie an der Hand nimmt und durchs Leben führt, ein für allemal begraben. Sie nehmen ihr Leben selbst in die Hand. Ganz ohne noch durch jenen »Cinderella-Komplex« gebremst zu werden, den Colette Dowling so trefflich beschreibt. Sind meine Interviewpartnerinnen deshalb alle so erfolgreich in ihren Berufen? »Wer bei sich selbst zuhause ist, muß sein Zuhause nicht woanders suchen«, sagt Judith K...

Ablehnung der traditionellen Frauenrolle

Viele meiner Interviewfrauen lehnen es ab, sich der traditionellen Frauenrolle anzupassen, weigern sich, ihre Talente und Interessen einem Mann oder einer Ehe unterzuordnen, wie es vor zwanzig Jahren noch allenthalben üblich war. Einige »verweigerten total« (Anna M.), andere ließen sich zwar auf eine Ehe nach traditionellem Schema ein, gaben ihr Studium auf (Brigitte W.), bereuen diesen Schritt aber inzwischen. Insbesondere diese kompetenten, begabten Frauen, die als zwanzigjährige voller Pläne und Ambitionen steckten und nicht von ungefähr heute gute Positionen einnehmen, verspürten schon damals wenig Lust, den bohrenden Fragen der Familie: »Wann heiratest du denn endlich?« nachzugeben. Welche Frau von 40 hat nicht den bangen Blick der Mutter und der Tanten im Gedächtnis, wenn sie mit Ende zwanzig immer noch hartnäckig von beruflichen Erfolgen anstatt von ernsthaften Ehebewerbern berichtete...

Eine gewisse Trotzhaltung, die zu einem verstärkten beruflichen Engagement führte, schien geradezu geboten.

Erst recht, wenn man gar geschieden war.

Welcher Frau geistern nicht noch jene US-Filmchen ihrer Teenagerzeit im Hirn herum, in denen sich eine völlig geschlechtslose Doris Day als überaus patente, natürlich von einem Unhold Geschiedene über zwei Kinostunden hin abrackerte, einen neuen und arg widerstrebenden Ernährer für sich und ihre herzige Kinderschar an Land zu ziehen. Am Schluß läuteten unweigerlich die Hochzeitsglocken, die neue Schwiegermutter weinte, wenn auch nicht vor Freude, und die Welt war endlich wieder in Ordnung. Ein neuer

Haushaltsvorstand saß in der Falle ... Um diese Rolle abzulehnen, mußte man gewiß keine Emanze sein.

Romantisches Abenteuer

»Unser Schonraum ist etwas absolut Unzerstörbares«, schwärmt Anna M. »Es erhält die Romantik, wenn man auf Distanz lebt«, meint auch Nadja Z. Für viele Interviewfrauen ist es von großer Bedeutung, durch Distanz den grauen Alltag zu vermeiden, den Reiz des Abenteuers über Jahre hinaus zu konservieren. »Ich habe immer noch Schmetterlinge im Bauch, wenn ich weiß, daß er kommt«, sagt Anna M. Das mag auch mit der besonderen erotischen Attraktivität zu tun haben, die verheirateten Männern eigen ist: Sie sind so schön verboten. In einer Zeit, in der die Sexualität keinerlei romantisches Tabu mehr bietet, sie nahezu zur sauren Pflichterfüllung verkommen ist, erhält Sex mit einem Ehemann inklusive Heimlichkeit den diskreten Charme der »verbotenen Frucht«. Neueste Untersuchungen in den USA ergaben, daß immer mehr junge ledige Frauen bei gebundenen Männern ganz bewußt erotische Abenteuer, gewürzt mit ein bißchen Risiko, suchen.

So gesehen war die Generation der Eltern glücklich zu preisen, wenn sie auf dem Autorücksitz im Finstern »petting« betrieb.

Beruf geht vor

Für die Karrierefrauen dieser Interviews ist selbstverständlich der Beruf wesentlicher Bestandteil des Lebens, ist Teil ihrer Identität. Er repräsentiert darüber hinaus Selbständigkeit, sowohl finanziell als auch emotional. »Für mich kommt eine Aufgabe meines Berufes, meiner Selbständigkeit auf keinen Fall in Frage«, sagt Brigitte W., die sich im Lauf der Zeit mehrere Filialen in der Kosmetikbranche aufgebaut hat. Auch für Judith K. ist der Beruf wichtig. Er ermöglicht ihr, ebenso wie ihr verheirateter Freund, ihren Freiheitsdrang auszuleben. Sie leitet ein Reisebüro und ist sehr viel unterwegs. Undenkbar, daß sie ihren Beruf für eine Beziehung zu einem Mann an den Nagel hängen würde. Diese Frage taucht in der Beziehung zu einem verheirateten Mann jedoch überhaupt nicht auf. Er läßt ihr notgedrungen ihr Engagement im Beruf, fühlt sich dadurch weder bedroht noch vernachlässigt oder in seiner Männlichkeit gekränkt (»Ich verdiene genug, meine Frau müßte eigentlich nicht arbeiten.«) wie ein »eigener« Ehemann.

Die Schattenseite

Die Interviews machen deutlich, daß sich auch »glückliche Geliebte« durchaus mit der Schattenseite ihrer Rolle auseinandersetzen. »Ich muß immer warten, bis er von sich aus Kontakt zu mir aufnimmt« (Claudia R.), »In Krisensituationen ist er nicht verfügbar« (Erika K.) sagen die einen. »Ich muß meine ganze Riesenliebe aufsparen, bis er zu mir kommt« (Sonja A.), ist ebenfalls zu hören. Eifersucht auf die Ehefrau war zunächst für Alexa W. das Hauptproblem. Indem sie sich damit konfrontierte, bewältigte sie zwar die Eifersucht, setzte aber gleichzeitig einen Prozeß in Gang, der zur allmählichen Lösung vom Geliebten führte. Brigitte W. leidet darunter, daß ihr Freund nach Jahren plötzlich dem Druck seiner Frau nachgibt und die gemeinsamen Wochenenden einschlafen läßt. »Es hätte noch Jahre so weitergehen können wie vorher«, sagt sie bedauernd. Die interviewten Karrierefrauen leugnen nicht, daß es in ihren Beziehungen Konflikte und Leidenspunkte gibt. Wie in jeder Beziehung.

Und daß es Kummer gibt, den nur »Geliebte« kennen. Haben sich diese Frauen lediglich arrangiert mit ihrem Schicksal? Oder wursteln sie einfach auf dem bequemen Weg des geringsten Widerstandes weiter, ohne die Schmerzen einer Trennung und eines Neuanfangs zu riskieren? Ich glaube nicht.

Gewiß, auch diese starken Frauen kennen Zeiten der Schwäche, haben Momente, in denen sie sich – wie jeder Mensch – ein bißchen in die Tasche lügen, das eigene Leben schönen. Aber im Prinzip herrscht große Klarheit darüber, was nun die Vor- und Nachteile der Beziehung zu einem verheirateten Mann im allgemeinen und zu dem eigenen Partner im besonderen ausmacht.

»Unterm Strich«, da sind sich die meisten dieser Frauen einig, sind sie mit ihrem Leben als Geliebte zufrieden. Oder waren es in einer wichtigen Zeitspanne ihres Lebens.

Moralische Bedenken der Ehefrau gegenüber werden übrigens nie geäußert. Keine der Frauen glaubt, ihr irgend etwas wegzunehmen. Anna M. dreht sogar den Spieß um: Für sie ist die Frau ihres Geliebten die »gleichwertige Andere« …

Die verheirateten Männer

Haben nun die interviewten Frauen den Spieß umgedreht und halten sich unkomplizierte, pflegeleichte Männer, mit deren Schattenseiten andere Frauen befaßt sind? Oder ist die Ausbeutung der Frau damit perfekt, indem die selbständige, beruflich erfolgreiche und finanziell unabhängige Geliebte dem guten alten Pascha jegliche Verantwortung und jegliches schlechte Gewissen erspart?

Kann der Mann Ehefrau und Geliebte gegeneinander ausspielen, um die letzte Bastion seiner männlichen Privilegien zu retten? Oder ist er ein »nützlicher Trottel«, der sich im Konflikt zwischen zwei Frauen aufreibt, seine Familie riskiert, während die Geliebte in aller Ruhe Karriere macht oder an ihrer Selbstfindung bastelt?

Die Wahrheit liegt, wie zumeist, irgendwo in der Mitte. Für Rudi U. überwiegen zweifelsohne handfeste Gründe, warum ein verheirateter Mann von einer »emanzipierten« Geliebten profitieren kann: »Sie ist eine starke Frau: Sie kümmert sich nicht um Konventionen und um die Nachbarn. Sie lehnt den traditionellen Handel Liebe gegen Trauschein ab. Und ich bin aus dem Schneider, weil ich kein schlechtes Gewissen zu haben brauche, daß ich gebunden bin.«

Rudi U. versteht es, Verpflichtungen sowie Unkosten seelischer und finanzieller Art zu vermeiden. Er hat zuhause eine Frau, die bequemerweise »nicht fragt, wo ich hingehe« und ihn ohne Murren zum Stammtisch etc. ziehen läßt. Und dann und wann die aufregende Geliebte, die für ihn mindestens ebenso pflegeleicht ist, wie er für sie. Mit großer Wahrscheinlichkeit ist für ihn die *erotische Abwechslung* mit einer temperamentvollen und eigenständigen Frau wesentlich. Mit der, das ist ihm jedoch klar, »hätte ich viel mehr Streit als mit meiner Frau, wenn wir verheiratet wären«...

Bei Knut K. liegen die Dinge anders: Für ihn ist die Beziehung mit Eva R. vor allem ein »*Freiraum*, eine Art Spielwiese«. Sie ist für ihn vor allem gute Freundin, bei der er sich von der selbstauferlegten Verpflichtung der Ehe und von der »Autorität« seiner Frau erholen kann. Als besonders wohltuend empfindet er es, zu Eva R. kommen zu können, wann er will, dazu aber nicht verpflichtet zu sein. Dieses freiwillige Element ist offenbar für viele Männer in ihren außerehelichen Beziehungen sehr wichtig. Sex spielt dabei, wie Knut K. berichtet, nur dann und wann eine Rolle. Die Psychoanalytikerin Luise Reddemann sagt dazu: »Ganz wichtig ist der Wunsch, jemanden zu haben, zu dem man kommen kann, wann immer man will, von dem man aber auch wieder weggehen kann, wann man will. Man kann das selbst bestimmen, und der andere ist verfügbar. Dadurch wiederholt man eine bestimmte Situation in der frühen Kindheit, in der das Kind es nötig hat, sich von der Mutter zu entfernen, aber dabei zugleich sicher sein will, daß es auch jederzeit wieder zurückkommen kann. Ich denke, der Wunsch, sich entfernen zu können, kann ein wichtiges unbewußtes Motiv bilden, sich eine Geliebte zu wählen. Die Ehefrau wird vielleicht eher als die Person erlebt, die einen ganz und gar haben will, und das löst Angst aus.«

Auch für Heinrich P. bildet die Geliebte eine Art »Gegengewicht« zur überdimensionalen Ehefrau. Er gibt zu, daß es ihm Spaß macht, sie »auszutricksen, so wie früher Muttern«. Die Geliebte also als späte *Bewältigung der dominanten Mutter?* Luise Reddemann: »Ein Stück Mutterübertragung wird in jeder Beziehung sein. Vermutlich findet nicht nur der Mann in seiner Frau ein Stück der Mutter wieder, sondern auch jede Frau in ihrem Mann.« Der Kampf um Unabhängigkeit gegen die Eltern wird also weitergeführt, nur mit anderen Mitteln? Reddemann: »Es scheint so, daß die Entwicklung persönlicher Unabhängigkeit schon in der frühen Kindheit häufig mißglückt. Eine Mutter-Kind-Konstellation, in der das Kind sich entfernen darf, die Mutter aber verfügbar bleibt, wenn es zurückkommt, und zwar liebevoll verfügbar, ohne zu schimpfen, das scheint ein schwieriger Moment in der Entwicklung zu sein und eher selten zu gelingen.« Auf diese Weise ist eine selbständige Frau wie Eva P. für Knut K. sehr entlastend. Sie kann ihn kommen und gehen lassen, weil er nicht der Mittelpunkt ihrer Welt ist, sie nicht verzweifelt auf ihn angewiesen ist.

Herbert W.s Motiv, sich Geliebte zu suchen, die »keine Verpflichtungen wollen, sondern nur anderswo ein bißchen naschen«, lag vermutlich darin, daß er im Grunde seine Familie nicht aufgeben wollte. Das beweist auch die Tatsache, daß er sich bis heute »noch irgendwo verheiratet fühlt«, obwohl seine Frau ihrerseits ernst machte und sich scheiden ließ. Er hat bis heute nicht wieder geheiratet, pflegt regen Kontakt zu Exfrau und erwachsenen Töchtern. *»Vermutlich aus Trotz«* hatte er seine erste Freundin, die »neben der Arbeit ein bißchen Spaß haben wollte, keine Ambitionen in Richtung Heirat« hegte und daher zunächst »pflegeleicht« erschien...

Zum *»Minnesänger«*, der von der Ferne die »here frowe« anbetet, wurde Walter V. von seinem Vater erzogen. Mit gewissem Leidenspathos zelebriert er seit vier Jahren die grande passion zu Alexa W., obwohl er seine Ehe als äußerst glücklich bezeichnet. Möglicherweise ein bißchen zu glücklich für Walter V., der seine ständig abwesende Mutter immer nur aus der Ferne sehnsuchtsvoll anbeten konnte... Vielleicht braucht er auch den Verdacht, von Alexa W. als eine Art »Sprungbrett« benutzt zu werden. In der Art, wie sie Laurel Richardson beschreibt: »Junge intelligente und erfolgreiche alleinstehende Frauen können den verheirateten Mann aus anderen Gründen als Liebe und Sex benutzen. Er kann als Station oder Ratgeber oder als ein nicht fordernder Freund dienen, während sie an ihrer Identität arbeitet, eine Karriere aufbaut oder Kinder großzieht.«

Die Wurzeln der »übergroßen Liebe«, die Walter V. an sich selbst konstatiert, beurteilt der Psychoanalytiker Bernd Nitzschke so: »Die frühe Trennung von der Mutter erzwingt dabei gleichzeitig auch die Fixierung auf die Mutter. Er wird ein derart großes, verdrängtes und niemals gestilltes Liebesbedürfnis mit sich herumschleppen, daß er es bei einem anderen Menschen kaum noch befriedigen kann.«

Zyniker oder Puristen, was meist auf dasselbe hinausläuft, mögen den vorliegenden »Lovestorys auf Sparflamme« entgegenhalten, daß sie nichts anderes als das inkonsequente Gewurstel neurotischer Schwächlinge seien. Daß sich weibliche Karrierekrüppel und männliche Beziehungsfrusties im Vermeiden echter Nähe, wirklicher Verantwortung, in Feigheit und Egozentrik in nichts nachstünden. Und daß es in einer Konsumkultur nur noch die Instantliebe, möglichst cool und risikofrei, geben kann. Der Psychotherapeut Wolfgang Schmidbauer schreibt in seinem Buch »Die Angst vor Nähe« zu diesem Thema: »Dieses der Konsumgesellschaft angepaßte Verhalten ist dann nicht erfolgreich, wenn der Partner weder die Knöpfe und Schalter der Stereoanlage hat noch bereit ist zu geben, sondern ebenfalls sehr bedürftig ist nach ›echter‹ Liebe. Der swinging single, die gegenwärtig am schnellsten zunehmende Bevölkerungsgruppe, zieht die Konsequenzen aus dieser Schwierigkeit. Wenn tiefere Beziehungen in den Symbiosesumpf führen, vermeidet man sie eben.«

Aber besteht das Band zwischen den interviewten Frauen und ihren verheirateten Geliebten nicht noch aus etwas anderem als Angst vor Nähe? Sind nicht wirklich glückliche und partnerschaftliche Beziehungen auch in dieser nicht der Norm entsprechenden Konstellation möglich? Vielleicht haben gerade einige der Geliebten begriffen, daß Liebe »ein Geschenk des Lebens ist und daß, wer es wirklich annehmen will, nicht mehr zurückkann in das traditionelle Denken von Treue, Besitz und Schicksal« (Peter Lauster).

Was unterscheidet aber nun »glückliche« von »unglücklichen« Geliebten? Zunächst und zuvörderst die Tatsache, daß sie, ob nun ledig, geschieden, verheiratet oder was auch immer, auf keinen Fall zu den Frauen zählen, die »zu sehr lieben«. Daß für sie eben Liebe nicht »gleichbedeutend ist mit Schmerz und Leiden«, wie es Robin Norwood beschreibt. Die glückliche Geliebte wartet nicht und hofft nicht, sondern sie engagiert sich in ihrem Beruf, hält ihre Verabredungen ein, auch wenn *er* plötzlich Zeit hat, pflegt ihren Freundeskreis unabhängig davon, ob *er* nun mitkommt oder nicht. Sie ist sich selber wichtig, und ihre Kinder sind es infolgedessen auch. Oft hat sogar ihr soziales Umfeld Vorrang vor dem Geliebten. Es ist daher kaum verwunderlich, wenn sich gerade unter dynamischen und lebenstüchtigen Karrierefrauen besonders viele »glückliche Geliebte« ausmachen lassen. Für diese Frauen ist die passive Bezeichnung Ge-liebte ohnehin nicht zutreffend, eher müßte man sie, viel aktiver, als Lieb-haberinnen bezeichnen. Denn sie neigen meist von vornherein weniger als andere Frauen dazu, sich für die Liebe aufzuopfern, den wahren Sinn ihres Lebens im Dienste an einem Mann zu sehen. Seien nun sie mit diesem Mann verheiratet oder eben eine andere.

Sie sind so frei, sich ihr Leben unabhängig davon einzurichten, ob sie nun einen Mann, gar keinen Mann oder einen verheirateten Mann haben. Sie zählen in ihren eigenen Augen und damit in denen der anderen als Mensch und nicht nur als Freundin von Herrn X.

»Liegt im Status der Geliebten eine faszinierende Chance, Liebe und Freiheit, Einssein mit *ihm* und Selbstsein mit sich *selbst* zu verwirklichen?« fragt die feministische Theologin Elga Sorge.

Meine Interviewpartnerinnen haben diese Chance bereits wahrgenommen.

WAS ES IST

Es ist Unsinn
sagt die Vernunft
Es ist was es ist
sagt die Liebe

Es ist Unglück
sagt die Berechnung
Es ist nichts als Schmerz
sagt die Angst
Es ist aussichtslos
sagt die Einsicht
Es ist was es ist
sagt die Liebe

Es ist lächerlich
sagt der Stolz
Es ist leichtsinnig
sagt die Vorsicht
Es ist unmöglich
sagt die Erfahrung
Es ist was es ist
sagt die Liebe

Erich Fried

Literatur

Paula Almqvist: Familienstand Geliebte, Hamburg 1987
Elisabeth Flitner, Renate Valtin (Hg): Dritte im Bund: Die Geliebte, Hamburg 1987
Laurel Richardson: Die neue Andere, München 1987
Edna Salamon, Ruth Eder: Warum sollte er mich heiraten, München 1988
Bernd Nitzschke: Die Zerstörung der Sinnlichkeit, München 1981
Wolfgang Schmidbauer: Die Angst vor Nähe, München 1980
Peter Lauster: Die Liebe, Psychologie eines Phänomens, Hamburg 1982
Simone de Beauvoir: Das andere Geschlecht, Hamburg 1951
Robin Norwood: Wenn Frauen zu sehr lieben, Hamburg 1986
Elisabeth Müller-Luckmann: Die große Kränkung. Wenn Liebe ins Leere fällt, Hamburg 1987
Horst E. Richter: Flüchten oder Standhalten, Hamburg 1976
Rene Allendy: Die Liebe, München 1975
Erich Fromm: Die Furcht vor der Freiheit, Frankfurt 1966
Igor A. Caruso: Die Trennung der Liebenden, München 1974
Colette Dowling: Der Cinderella-Komplex. Die heimliche Angst der Frauen vor der Unabhängigkeit, Frankfurt 1982
Ruth Dickson: Vergnügen macht's mit Ehemännern, Frankfurt 1971
Werner Habermehl: So treiben's die Deutschen. Der Playboy-Report, Frankfurt 1985
Anja Hüper: Die andere Frau, in: Psychologie heute 5/1986, S. 20–27

Carl Gustav Jung: Heros und Mutterarchetyp, in: Grundwerk C. G. Jung, Band 8, Olten, Freiburg 1985
Sigmund Freud: Gesammelte Werke, London, Frankfurt 1944 ff.
Hildegard Baumgart: Eifersucht, Hamburg 1985
Elga Sorge: Du darfst ehebrechen – Du muß es nicht, in: Publik Forum 2. 5. 1987, Seite 67 f.
Clausdieter Schott: Lebensgemeinschaft zwischen Ehe und Unzucht, ein historischer Überblick, in: Eser (Hg.): Die nichteheliche Lebensgemeinschaft, Paderborn 1985